Wittstock
Pritzwalk
Kloster Heiligengraben
Perleberg
PRIGNITZ
Wittenberge
Demerthin
Kyritz
Elbe
Seehausen
Havelberg
Osterburg
Havel
SACHSEN
-ANHALT
Stendal
Tangermünde
Rathenow
Großer Stechlinsee
Rheinsberg
Neuruppin
Ruppiner See
Neustadt
Wustrau
Gransee
Templin
Zehdenick
BRANDENBURG
Schorfheide
Prenzlau
Angermünde
Schwedt
Groß-Ziethen
Chorin
Oder
Chojna
Königsberg
POLEN
Niederfinow
Eberswalde-
Finow
Bad Freien-
walde
Altranft
Wriezen
BARNIM
Oranienburg
Wandlitz
Mühlenbecker See
Bernau
Nauen
Hennigs-
dorf
Falkensee
BERLIN
Charlottenburg
Altfriedland
Neuhardenberg
Kostrzyn
Küstrin
Strausberg
Buckow
MÄRKISCHE
SCHWEIZ
Seelow
Müncheberg
Rüdersdorf
Köpenick
Großer Müggelsee
HAVELLAND
Beetzsee
Stadt Brandenburg
Genthin
ELBE-HAVEL-KANAL
Plauer See
Wusterwitz
POTSDAM
Werder
Schwielowsee
Großziethen
Lebus
Fürsten-
walde
Spree
Frankfurt
(Oder)
Słubice
Bad Saarow
Lehnin
Beelitz
Königs
Rangsdorf
Burg
Wolmirstedt
Barleben
MAGDEBURG
Trebbin
Eisen-
hüttenstadt
Kloster
Neuzelle
Belzig
Treuenbrietzen
Luckenwalde
Baruth
Krausnick
Kloster Zinna
Jüterbog
Kloster Neuzelle
Schönebeck
Zerbst
Lübben
Lübbenau
SPREEWALD
Guben
Calbe
Elbe
Saale
Roßlau
Coswig
Lutherstadt
Wittenberg
Dahme
Raddusch
Burg
Cottbus
Staßfurt
Dessau
Luckau
Aschersleben
Bernburg
Forst
Köthen
Schwarze Elster
Herzberg a.d. Elster
Könnern
Wolfen
Finsterwalde
Spremberg
Bitterfeld
Bad Düben
Torgau
Senftenberg
Bad Muskau
SACHSEN

Farbbild-Wanderungen durch BRANDENBURG
Pictorial Tour through BRANDENBURG
Voyage à travers le BRANDEBOURG

HORST ZIETHEN

Farbbild-Wanderungen durch BRANDENBURG

Denkmal des Heimatdichters Theodor Fontane

ZIETHEN-PANORAMA VERLAG

Farbbild-Wanderungen durch Brandenburg

„Ich bin durch die Mark gezogen und habe sie reicher gefunden, als ich zu hoffen gewagt hatte. Jeder Fußbreit Erde belebte sich und gab Gestalten heraus, ... ein Reichtum ist mir entgegengetreten, dem gegenüber ich das bestimmte Gefühl habe, seiner niemals auch nur annähernd Herr werden zu können." (Theodor Fontane, 1861).

Willkommen in Brandenburg!

Von des „Heiligen Römischen Reiches Streusandbüchse" ist oft die Rede; „Märkische Heide und Märkischer Sand" werden zitiert, wenn es um Brandenburg geht, die alte Mark der Kurfürsten zwischen Elbe und Oder. Natürlich gibt es in Brandenburg die einsamen Heidelandschaften und die sandigen Böden, auf denen nur Kiefern gedeihen. Doch landschaftliche Langeweile, Eintönigkeit und mangelnde Abwechslung sind das Letzte, was man von Brandenburg behaupten kann, auch wenn das Relief dieses Landes keine aufregenden Höhen, keine tief eingeschnittenen Täler kennt. Acht touristische Regionen hat das Land. Vom Havelland und Fläming über die Prignitz und im Norden über das Ruppiner Land, der Uckermark mit dem weiten Bogen zum Barnim, entlang des Gebietes von Oder-Spree-Dahme, und schließlich bis zum Spreewald und der Niederlausitz. Die Idyllen des Landes bescheren dem Besucher immer wieder aufregende und beschauliche Erlebnisse. Brandenburgs Landschaftsbilderbogen geht vom einzigartigen Wasserland des Spreewaldes im Süden bis in die Obstgärten des Havellandes, zieht sich vom Oderbruch im Osten bis in die Seenlandschaft um Rheinsberg oder Neuruppin.

Untrennbar wie die landschaftlichen sind auch die geschichtlichen Bindungen zwischen Brandenburg und Berlin, das erst 1920 aus dem brandenburgischen Provinzialverband herausgelöst wurde. Brandenburg, die vom Askanier Albrecht dem Bären Mitte des 12. Jahrhundert geeinte Markgrafschaft, die im 14. Jahrhundert mit der Kurfürstenwürde in die Hände der Hohenzollern kam, war seit 1618 Mittelpunkt Preußens. Die preußischen Kurfürsten, gleichzeitig Herren von Brandenburg,

Pictorial Tour through Brandenburg

"I have roamed through Mark Brandenburg and have found it richer than I have ever dared to expect. Every foot of earth came alive and summoned up characters... I was confronted with a wealth (of impressions) which left me with the distinct feeling that I would never master them..." (Theodor Fontane, 1861)

Welcome to Brandenburg!

Outsiders have tended to be dismissive of Brandenburg, referring to it as the "Holy Roman Empire's sandbox". Yet the region of marches on the eastern border of Germany between the rivers Elbe and the Oder has far more to offer than just heath and silt. Of course there are remote moorlands here, sandy soil that supports little more than pinewoods, but no one could describe Brandenburg as monotonous or lacking in variation, despite the fact that its contours display no dramatic heights and no deep-cut valleys. There are eight areas of interest to tourists, extending from the Havelland and the Fläming over the Prignitz and in the North through Ruppin, Uckermark and Barnim, to the Oder-Spree-Dahme district and ending at the Spreewald and Niederlausitz. They offer the visitor limitless encounters, some stimulating, some serene. Brandenburg's picture-book of landscapes ranges from the unique marshland of the Spree in the south to the Havel orchards in the north, from the Oderbruch in the East to the lakes of Rheinsberg or Neuruppin.

If the landscape of Berlin is in its way a microcosm of Brandenburg, the history of the capital and the state is similarly interconnected. Albert the Bear created Brandenburg as a margravate in the middle of the 12th century. In the 14th century the land fell into the hands of the House of Hohenzollern and after 1618 it lay at the heart of Prussia. The Prussian electors, who at the same time were lords of Brandenburg, lived in Berlin-Cölln, although Great Elector Friedrich Wilhelm had already discovered the charms of Potsdam. It was his great-grandson Frederick the Great who finally made Potsdam the principal residence of

Voyage à travers le Brandebourg

« J'ai parcouru la marche et l'ai découverte bien plus riche que je n'osais l'espérer. La terre s'animait et prenait forme à chaque pas... Elle m'a confronté à une richesse (d'impressions) que je savais ne jamais pouvoir m'approprier.»
D'après Theodor Fontane, 1861.

Bienvenue dans Brandebourg!

On parle souvent du « Saint Empire Romain Sableux », de la « Marche des landes et des sables» en évoquant le Brandebourg, l'ancienne Marche des princes-électeurs entre l'Elbe et l'Oder. Cette région possède bien sûr des landes solitaires et des sols sableux où ne poussent que des pins. Cependant, les paysages du Land de Brandebourg sont loin d'être ennuyeux, monotones ou uniformes, même si le relief ne montre ni montagnes imposantes, ni vallées profondément encaissées. Le Land possède huit régions touristiques. Elles décrivent une courbe commençant par le Havelland (Pays de Havel), le Fläming, la Prignitz et au Nord puis le territoire de Ruppin, l'Uckermark (Marche d'Ucker), le Bernim, la contrée de l'Oder-Spree-Dahme, et finalement le Spreewald et la Basse-Lusace au Sud. Ces régions offrent aux visiteurs des tableaux changeants, parfois animés et parfois paisibles. Les paysages du Brandebourg s'étirent du Spreewald à la nature unique d'eau et de verdure au Sud jusqu'au Havelland recouvert de vergers et de l'Oderbruch à l'Est à la contrée des lacs autour de Rheinsberg et de Neuruppin.

À l'instar des paysages, des liens historiques étroits réunissent le Land de Berlin au Brandebourg dont il n'est administrativement séparé que depuis 1920. Le margraviat du Brandebourg fut fondé au milieu du XIIe siècle par le comte ascanien Albert l'Ours. Il reçut ensuite la dignité électorale, puis fut donné aux Hohenzollern au XIVe siècle et devint centre de la Prusse à partir de 1618. Les princes-électeurs prussiens, qui étaient également les margraves de Brandebourg, résidaient à Berlin-Cölln bien que Frédéric-Guillaume, le Grand Électeur,

residierten in Berlin-Cölln, obschon bereits Friedrich Wilhelm, der Große Kurfürst, die Reize Potsdams als Residenz zu schätzen wusste. Sein Urenkel Friedrich der Große machte Potsdam zur Residenz der Könige von Preußen, aus denen später die deutschen Kaiser wurden. Hauptstadt Berlin und Residenzstadt Potsdam waren fortan ein leuchtender Doppelpunkt.

Im Inferno des Kriegsendes 1945 gingen Reich und Hauptstadt unter. Für mehr als 40 Jahre lag Brandenburg mit einem Teil Berlins in einer anderen, nur schwer zugänglichen Welt. Das hat bis heute Spuren hinterlassen. Doch es sind nicht nur traurige Spuren trister Plattenbausiedlungen in den Städten, maroder Industriebetriebe oder verseuchter Umwelt. Zwei von der UNESCO anerkannte Biosphärenreservate, also international bedeutsame Naturschutzgebiete in Brandenburg, mögen das belegen. Das eine ist die Wasserlandschaft des Spreewaldes in der Niederlausitz, das andere das Gebiet der Schorfheide-Chorin.

Noch immer sind viele Dörfer in Brandenburg mehr Mittelpunkt ländlichen Lebens als herausgeputzte Zweitwohnungssiedlungen betuchter Großstädter. Und noch immer führen die berühmten Chausseen von alten Straßenbäumen gesäumt und mit Kopfsteinpflaster über Land zu den Städten. Manchmal enden deren Namen auf -itz oder -ow und weisen sie so als meist slawischen Ursprungs aus. Westslawische Burganlagen stehen vielfach am Beginn der Geschichte brandenburgischer Städte. Askanische Fürsten, in der Niederlausitz auch Wettiner Fürsten, legten um solche Burgen im 13. Jahrhundert deutsche Städte an.

Obwohl der Zweite Weltkrieg diesen Städten mitunter grauenvolle Zerstörungen gebracht hat, steht der Besucher verwundert vor dem Reichtum an alter Bausubstanz. Kaum eine dieser Städte, die nicht ihre wuchtige gotische Backsteinkirche hat. Viele haben noch beachtliche Reste von mittelalterlichen Befestigungsanlagen, Stadttoren und -türmen. Und die eine oder andere Stadt hatte das Glück,

the Prussian kings, and their descendants became German emperors. The capital of Berlin and the residence of Potsdam thus became Prussia's illustrious companion cities.

Berlin finally seceded from Brandenburg in 1920 but in 1945, the war's final inferno brought about the downfall of both capital and country. For more than forty years after this, Brandenburg and one half of Berlin became part of another, barely accessible world whose traces have not yet been eradicated. Nevertheless, there is far more here than just the depressing remains of cheaply-built urban tower-blocks, decaying industries and a polluted environment. Two areas in Brandenburg, for instance, have been recognised by UNESCO as nature reserves of outstanding importance: One are the waterlands of the Spreewald in Niederlausitz, the other is the district of Schorfheide-Chorin.

Many villages in Brandenburg are still true centres of rural life rather than chic holiday retreats for wealthy town-dwellers. And the traditional avenues, often cobbled and lined with old trees, still provide cross-country connections between towns. Names of places ending on the suffix -itz or -ow are clearly of Slav origin; and West Slavic fortresses have provided the foundation for many a town in Brandenburg. In the thirteenth century the lords of the Askan and Wettin dynasties built German towns with the old Slav castles as their centre. Although many of these towns were subject to terrible bombardment during the Second World War, the visitor cannot help but marvel over the abundance of old buildings. Most towns have retained their solidy built brick Gothic churches and many have imposing remains of medieval town walls, gateways and towers. And a few have been unbelievably lucky and have remained virtually unchanged over the course of the centuries.

Now the long years of a divided Germany are past, Brandenburg has yet again become a land just waiting to be explored. The Mark Brandenburg is a country of palaces,

appréciait déjà les charmes de Potsdam. Son arrière-petit-fils, Frédéric le Grand, choisit la ville qui avoisinait Berlin comme résidence des rois de Prusse, les futurs empereurs allemands. Pendant des siècles, la capitale Berlin et la résidence royale Potsdam constituèrent un centre brillant qui fut emporté dans la tourmente de la fin de la Seconde Guerre mondiale.

Pendant plus de 40 ans, le Brandebourg et un morceau de Berlin firent partie d'un autre monde, difficilement accessible. Cette période a laissé des traces jusqu'aujourd'hui. Mais ce ne sont pas seulement des images tristes de grands ensembles mornes dans des agglomérations urbaines, de zones industrielles dégradées et d'environnement pollué. Le Brandebourg abrite deux réserves biologiques classées par l'UNESCO, c'est-à-dire des parcs naturels protégés d'intérêt international. L'un est le paysage aquatique du Spreewald dans la Basse-Lusace, l'autre est la région de la Schorfheide-Chorin.

La majorité des communes du Brandebourg ont gardé leur vocation rurale et ne sont pas encore devenues des villages réhabilités de résidences secondaires pour citadins fortunés. Les célèbres routes bordées de rangées d'arbres centenaires, et parfois pavées, relient encore les villes à travers la campagne. Les terminaisons en « itz » ou « ow » des noms de quelques-unes d'entre elles indiquent leur origine slave. La plupart des cités brandebourgeoises sont nées de châteaux-forts construits par des Slaves de l'Ouest. Des princes ascaniens et des princes de la lignée Wettiner dans la Basse-Lusace, érigèrent au XIIIe siècle des villes allemandes autour de ces châteaux.

Bien que ces villes aient subi de graves dévastations durant la Seconde Guerre mondiale, les visiteurs seront toutefois surpris par l'abondance des architectures anciennes. Presque toutes possèdent encore de majestueuses églises gothiques en brique et beaucoup ont conservé des vestiges importants d'enceintes,

das jahrhundertealte Stadtbild heil bewahren zu können. Nach den Jahren der Abgeschiedenheit ist Brandenburg heute wieder ein Land zum Entdecken. Noch immer ist die alte Mark ein Land der Schlösser. Darunter weltberühmte wie Sanssouci in Potsdam, Charlottenburg in Berlin oder Rheinsberg im Ruppiner Land, aber auch Schlösser, die abseits der großen Straßen liegen und um die sich Geschichte und Geschichten ranken.

Wer nach Rheinsberg kommt, zum Schloss, in dem Friedrich der Große als junger Kronprinz die glücklichsten Jahre seines Lebens verbracht haben soll, mag der Geschichte ebenso nachspüren wie den Geschichten, die heute noch in Brandenburg mit jedem Schloss und jedem Kloster, mit jeder Dorfkirche und jedem Friedhof verbunden sind. Es ist die Fülle dieser Geschichte und dieser Geschichten, die einst Theodor Fontane bei seinen berühmt gewordenen „Wanderungen durch die Mark Brandenburg" begeistert haben. Fontane, der schreibende und wandernde Apotheker aus Neuruppin, hat es uns vorgemacht, wie man die alte Mark Brandenburg bereisen müsste, wenn man die Zeit dazu hätte: er zeigte uns, wie man den stillen Dingen, den Liebschaften des großen Preußenkönigs mit der Försterstochter Sabine oder den Geheimnissen des Stechlinsees ebenso nachspüren muss wie einem Michael Kohlhaas oder dem Ablassprediger Tetzel in Jüterbog.

Bei dieser Farbbild-Reise durch das Land Brandenburg wird so manches lebendig vor Augen geführt, was als Mosaikstein das bunte Bild Brandenburgs in der Vergangenheit wie in der Gegenwart ausmachte und ausmacht.

some of them – such as Sanssouci in Potsdam, Charlottenburg in Berlin and Rheinsberg in the Ruppin district – are world-famous. Others, less well-known because they lie off the beaten track, are nevertheless steeped in history and legend.

The visitor to Rheinsberg, the palace where Frederick the Great is said to have spent his happiest years as Crown Prince, will sense not only the history but also the legend that lingers here as in every palace and every abbey, every village church and every churchyard in Brandenburg. Theodor Fontane, the writer and wanderer from Neuruppin, showed us the right way to explore Mark Brandenburg, if only we had the time. He tought us how to go in search of history and legend, document everything from the love of the great Prussian king for the forester's daughter Sabine, the mysteries of Lake Stechlin to the obsessions of Kleist's Michael Kohlhaas and the rantings of Luther's enemy, the fiery preacher Tetzel.

This pictorial journey through Brandenburg brings much to light that can be seen as pieces of the mosaic that made and makes up the colourful past and present of Brandenburg.

des portes et des tours médiévales. Quelques-unes ont même la chance d'avoir gardé intacte leur physionomie d'autrefois.

Après des années d'isolation, le Brandebourg est aujourd'hui de nouveau une région à découvrir. La vieille Marche est encore la région de châteaux. Outre les châteaux mondialement connus de Sanssouci à Potsdam, de Charlottenburg à Berlin et de Rheinsberg dans la contrée de Ruppin, des résidences seigneuriales, à l'écart des grandes routes, racontent un passé historique captivant.

Rheinsberg est le lieu où Frédéric le Grand, alors jeune prince héritier, aurait passé les plus belles années de sa vie. Ce château révèle au visiteur une page d'histoire et de petite histoire, de même que tous les autres châteaux, cloîtres, églises de villages et cimetières du Brandebourg. La richesse de toutes ces histoires enthousiasma Theodor Fontane durant ses randonnées dans le Brandebourg dont il fit un livre célèbre. L'apothicaire de Neuruppin, qui écrivait et voyageait, nous a montré comment il faut explorer la vieille Marche de Brandebourg, à condition d´en avoir le temps, et comment il faut découvrir les choses cachées l'amourette du grand roi prussien avec Sabine, la fille du forestier, le mystère du lac de Stechlin, Michael Kohlhaas ou encore le prédicateur d'indulgences Tetzel à Jüterbog.

Dans ce voyage photographique à travers le Brandebourg, on découvre les pièces d'une mosaïque qui forment l'image colorée du Brandebourg du passé et du présent.

POTSDAM, Stadtblick aus der Luft mit Nikolaikirche, Altem Rathaus und der Havel-Seenlandschaft

Der Aufstieg des idyllisch zwischen Hügeln und mehreren Seen gelegenen, 993 erstmals urkundlich erwähntem Ortes Potsdam begann, als die Stadt 1660 kurfürstliche Residenz wurde. Unter dem großen Kurfürsten und vor allem unter Friedrich II. entwickelte Potsdam sich zur prunkvollen Barockstadt abseits der preußischen Metropole Berlin. Friedrich der Große hat 1750 nach dem Vorbild eines römischen Platzes den Alten Markt in Potsdam gestalten lassen. Das beherrschende Bauwerk hier ist die Nikolaikirche von K.-F. Schinkel, daneben steht das Alte Rathaus von 1753.

Potsdam, idylically situated in the midst of a hilly lake landscape and first mentioned in 993, began its rapid development in 1660 when it became an Electoral Residence. In the reign of the Great Elector and especially of Frederick II it grew into a magnificent baroque city close by the Prussian metropolis of Berlin. Frederick the Great modelled the Alten Markt in Potsdam on a Roman forum. Its most striking building is the Nikolaikirche, designed by the great architect Schinkel. Close by is the old town hall, dating from 1753.

Mentionnée pour la première fois en l'an 993, Potsdam, située merveilleusement entre collines et lacs, devint célèbre en 1660, comme lieu de résidence des princes électeurs. Sous le règne du Grand Électeur et avant tout sous celui de Frédéric II, cette ville, splendide joyau de style baroque, se développa à l'écart de la métropole prussienne de Berlin. En 1750, Frédéric le Grand fit aménager le Alten Markt de Potsdam selon les plans d'une place romaine. Son principal édifice est l'église Saint-Nicolas. L'ancien hôtel de ville de 1753 s'élève à côté.

Das mit Jagdszenen ausgestattete Jägertor (1733) der barocken Stadterweiterung, ist das älteste original erhaltene Stadttor Potsdams. Im Zuge der zweiten Stadterweiterung wurde das heute unter Denkmalschutz stehende Holländische Viertel für die hier lebenden Holländer angelegt. König Friedrich Wilhelm II. ließ 1795 am Kanal ein Schauspielhaus eröffnen. Nach seiner Zerstörung im Zweiten Weltkrieg fand das Schauspielhaus nur Übergangsquartiere bis es 2006 in den neuen Gebäuden in der Schiffbauergasse seinen Betrieb aufnehmen konnte.

The Jägertor gateway (1733) is the oldest original town gateway in Potsdam. It is decorated with hunting scenes and was built during a period of extensions to the town in the Baroque era. In a second stage of expansion, the Dutch quarter was laid out for Dutch workers who settled here. This whole area has now been designated an historical monument. In 1795, King Friedrich Wilhelm II had a theatre built near the canal. After its destruction in the Second World War, it was moved to temporary quarters till 2006 when it reopened in new premises in Schiffbauergasse.

Le Jägertor (1733) orné de scènes de chasse, d'où son nom, est la plus ancienne porte d'origine de Potsdam et s'ouvre sur la partie baroque de la ville. Aujourd'hui site protégé, le Holländische Viertel fut construit lors du deuxième agrandissement de la ville pour accueillir des émigrés hollandais. Le théâtre que le roi Frédéric-Guillaume II avait fait bâtir sur le canal en 1795 fut détruit pendant la Seconde Guerre mondiale. Il fut installé dans des locaux provisoires jusqu'en 2006, date à laquelle était inauguré le nouveau théâtre municipal, superbe édifice moderne.

△ Jägertor in Potsdam

△ Holländisches Viertel in Potsdam

▽ Hans-Otto-Theater am Havelufer in der Schiffbauergasse

Als Zeichen seiner Siege im siebenjährigen Krieg ließ Friedrich der Große 1770 (18 Jahre vor dem berühmteren Brandenburger Tor in Berlin) an Stelle eines einfachen Burgtores einen Triumphbogen errichten. Am westlichen Ende der Brandenburger Straße, in gerader Linie zur Kirche St. Peter und Paul, trifft man auf das Tor mit den zwei Gesichtern. Die beiden Seiten des Tores wurden ganz unterschiedlich gestaltet. So entwarf Karl von Gontard die Putzfassade der Stadtseite und die Feldseite ließ er seinen Schüler Georg Christian Unger im römischen Stil gestalten.

In 1770, Frederick the Great built a triumphal arch on the site of a simple castle gateway to celebrate his victory in the Seven Years' War. The Brandenburg Gate is 18 years older than its better-known namesake in Berlin. It stands at the west end of Brandenburger Strasse, which runs straight to the Church of St Peter und Paul. The front and rear faces of the arch were designed by two architects and are very different. The plastered facade on the town side was the work of Karl von Gontard, while his pupil Georg Christian Unger designed the opposite side in Roman style.

Pour commémorer ses victoires lors de la guerre de Sept ans, Frédéric le Grand fit construire en 1770 un arc de triomphe à Potsdam, 18 ans avant la célèbre Porte de Brandebourg de Berlin. Érigée au bout ouest de la rue de Brandebourg et s'alignant sur l'église Saint-Pierre et Paul, la porte imposante montre deux faces entièrement différentes. Karl von Gontard conçut la façade baroque donnant sur la ville tandis que son élève Georg Christian Unger réalisa en style romain classique le côté qui s'ouvrait alors sur la campagne.

So reich Potsdam an Schlössern auch war und noch ist, es hat doch kein anderes solchen Weltruhm erlangt wie Schloss Sanssouci. Friedrich II., genannt der Große, König von Preußen, hat die ersten Entwürfe für dieses Schloss „Ohne Sorge" selber gefertigt, sein Baumeister Georg Wenzeslaus von Knobelsdorff hat den Prachtbau dann ausgeführt. Die Südseite des Schlosses erhebt sich über eine in Etagen aufsteigende Weinbergterrasse im südländisch heiteren Stil, während die Nordseite höfisch-kühl und eher distanzwahrend auf den Besucher wirkt.

As rich as Potsdam was, and still is, in palaces, none have achieved the international fame of Sanssouci. It was Frederick the Great, King of Prussia, who drew up the original plans for the palace "without worry", and employed his architect Georg Wenzeslaus von Knobelsdorff to carry out work on this magnificent building. The southern side of the palace, overlooking rows of terraces planted with vines, has a Mediterranean charm, while the northern side, with its cool, formal aspect, stands more aloof from the visitor.

Potsdam possède encore de nombreux châteaux, mais aucun n'est aussi mondialement connu que le palais de Sanssouci. Frédéric II, appelé le Grand, roi de Prusse, conçut lui-même les premiers plans du château que réalisa son maître d'œuvre, Georg Wenzeslaus von Knobelsdorff. Le côté sud du château regarde sur les terrasses des Vignes, étagées dans un style gai, méditerranéen, tandis que la façade nord présente un aspect solennel et plutôt distant au visiteur.

△ Orangerie ▽ Friedrich der Große und die „Langen Kerls"

▽ Neues Palais △ Marmorpalais im Neuen Garten am Heiligen See

Gemälde von A. Menzel: Friedrich II. „der Große", Flötenkonzert in Sanssouci / Flute concert in Sanssouci / Concert de flûtes à Sanssouci

Friedrich II. – „der Große" genannt, – der als Schöngeist viele Sympathien besaß, führte Preußen mit strategisch außergewöhnlichen Schlachten zu Ruhm. Nach dem Tod des Preußenkönigs 1786 übernahm sein Neffe Friedrich Wilhelm II. die Krone und erweiterte Preußen bis nach Warschau, jedoch gingen diese Gebiete unter Napoleons Herrschaft wieder verloren. 1871 ging Preußen in das Deutsche Reich über und der König von Preußen wurde Deutscher Kaiser. Der erste in der Reihe der Hohenzollern war Kaiser Wilhelm I.

Frederick II, generally known as Frederick the Great, won much admiration and esteem as a patron of the arts. He also earned international recognition and respect for Prussia by winning a series of strategically remarkable battles. After the death of the king of Prussia in 1786, his nephew Friedrich Wilhelm, inherited the crown. He extended Prussia's borders to Warsaw, though these lands were lost under Napoleon's rule. In 1871, Prussia was absorbed into the German Empire and the King of Prussia became Emperor of the Hohenzollern dynasty.

Frédéric le Grand, dit le Roi philosophe, despote éclairé et ami de Voltaire, usa de la force militaire pour agrandir la Prusse et en faire une grande puissance européenne. Après la mort de Frédéric II en 1786, son neveu Frédéric-Guillaume II monta sur le trône et agrandit la Prusse jusqu'à Varsovie. Mais les territoires conquis furent à nouveau perdus sous l'occupation de Napoléon Ier. En 1871, la Prusse rejoignit l'Empire allemand et le roi de Prusse devint également empereur d'Allemagne ; le premier, de la dynastie des Hohenzollern, fut l'empereur Guillaume Ier.

Babelsberg ist der größte Stadtteil Potsdams und heute vor allem bekannt durch seine Filmstudios mit dem Filmpark und der Hochschule für Film und Fernsehen. Um 1900 war Neubabelsberg ein begehrter Wohnort, aus dieser Zeit stammen viele historische Villen. Neugotisch im imitierten englischen Tudorstil ließ sich Kaiser Wilhelm I. 1833 seinen Sommersitz, Schloss Babelsberg errichten, mit einem herrlichen Landschaftsgarten von Lenné und Fürst Pückler-Muskau. Die Verbindung Potsdams mit Berlin durch die Glienicker Brücke wurde zwischen 1962 bis 1986 wegen drei Agentenübergaben legendär.

Babelsberg, the largest urban district of Potsdam, is best known today for its film studios, film park and Film and Television Academy. Around 1900 it was one of Potsdam's most desirable residential areas, and many historical villas remain from this era. Schloss Babelsberg, designed in an English neo-Gothic style, was built in 1833 as a summer residence for the later Emperor Wilhelm I. It is surrounded by beautiful landscaped grounds laid out by Lenné und Fürst Pückler-Muskau. Glienicker Bridge became a legend between 1962 and 1986, when West and East Germany exchanged captured spies here three times.

Babelsberg, le plus grand quartier de Potsdam, est aujourd'hui surtout connu pour ses studios de cinéma. Vers 1900, Babelsberg était un quartier résidentiel très prisé et c'est de cette époque que datent la plupart de ses somptueuses villas. En 1883, l'empereur Guillaume Ier y fit bâtir le château de Babelsberg qui était sa résidence d'été. L'édifice est entouré d'un admirable parc dû à Lenné et au prince Pückler-Muskau. Le pont de Glienick qui relie Potsdam à Berlin, entra dans la légende après avoir été la scène de trois échanges d'espions avec la RDA entre 1962 et 1986.

Seit dem Mittelalter gibt es im Havelland um Werder ausgedehnten Obst- und Weinbau. Die unzähligen Obstbäume machen im Frühjahr zu ihrer Blütezeit das Land um Werder zu einem einzigartigen Blütenparadies. Im Mai, zur Zeit der Apfelbaumblüte, feiert man in Werder bereits seit 1879 das Baumblütenfest, das neben dem Münchner Oktoberfest eines der größten Volksfeste in Deutschland ist. Dabei wird Obstwein aus den Früchten der letztjährigen Ernte kredenzt, in Erinnerung an frühere Zeiten, zu denen noch richtiger Weinbau betrieben wurde.

There has been extensive fruit and vegetable cultivation in Havelland on the Werder since the Middle Ages, though grapes are no longer grown here. In spring, when the vast orchards are in bloom, the area becomes a veritable paradise of blossoms. Since 1879 Werder's fruit blossom festival has taken place in May, when the flowering apple trees are at their best and the previous year's fruit wines are ready for tasting. Besides the Munich Octoberfest it is one of the largest festivals in Germany. The cherry and plum orchards, some of them extremely old, are today protected areas.

Au Moyen Âge déjà, des vignes et des vergers entouraient Werder, dans le pays de la Havel. La contrée autour de Werder se transforme en un immense paradis fleuri à l'époque de la floraison des arbres fruitiers. Depuis 1879, Werder célèbre la fête de la floraison au mois de mai, lorsque les pommiers sont en fleurs. On sert alors le vin de fruits fabriqué avec les récoltes de l'année précédente , une coutume évoquant la culture de la vigne, disparue aujourd'hui. Cette fête populaire est une des plus grandes d'Allemagne, similaire à la fête de la bière de Munich.

Die Nieplitz bildet mit der Nuthe zusammen einen Naturpark, welcher verschiedene Seen speist, aber auch die vielen Spargelfelder mit Wasser versorgt. Der Lauf der Nieplitz wurde teilweise begradigt und gleicht an diesen Stellen einem doch recht idyllischen Kanal. — Die Spargelstadt Beelitz kann auf einen Spargelanbau seit 1861 zurückblicken. Heute wird auf ca. 1000 ha das edle Gemüse angebaut. Im 18. Jh. als kasernenfreie Garnisonsstadt bekannt, begann hier der berühmte General von Zieten seine Karriere als Husar im Regiment unter Friedrich dem Großen.

The lowlands around the rivers Nieplitz and Nuthe have now been designated a conservation area. The rivers feed a number of lakes and also irrigate an extensive asparagus-growing area. At the points where the course of the Nieplitz has been straightened out, it resembles an idyllic canal. The history of Beelitz asparagus dates back to 1861. This costly vegetable is now farmed in an area of about 1000 hectares. In the 18th century, Beelitz was known as a garrison town with no barracks, and it was here that the famous General von Zieten began his audacious career.

Les rivières Nieplitz et Nuthe ont donné leurs noms à un parc naturel dont elles alimentent les nombreux lacs, mais aussi les vastes champs d' asperges de la région. Rectifié en certains endroits, le cours de la Nieplitz offre parfois l'aspect d'un canal aux rives idylliques. — La culture des asperges est une tradition de Beelitz depuis 1861. Aujourd'hui, quelque 1 000 hectares sont consacrés à ce noble légume. Au XVIIIe siècle, Beelitz sur la Nieplitz était une ville de garnison où le célèbre général von Zieten commença sa carrière aventureuse.

△ Beelitz an der Nieplitz ▽ jährliches Beelitzer Badewannenrennen, ein Spaß mit Kreativität und Sportgeist ▽ △ Historisches Gasthaus „Zur alten Brauerei"

Das einst verträumte Städtchen Luckenwalde im Urstromtal der Nuthe entwickelte sich ab 1680 unter der brandenburgischen Herrschaft des Großen Kurfürsten sprunghaft. Zeugmacher, Strumpfwirker, Tuchmacher und Hutmacher richteten ihre Werkstätten ein. Mit der Hutfabrik des Architekten Erich Mendelsohn bewahrt die Stadt ein Zeugnis aus der Frühindustrialisierung ganz besonderer Art. Seit 1484 dient der mächtige Marktturm als Wahrzeichen der Stadt und als Markt- und Glockenturm der Johanniskirche.

Luckenwalde was a dreamy little town in the main valley of the River Nuthe, but when it came under the rule of the great dukes of Brandenburg in 1680, it underwent rapid expansion as toolmakers, sock makers, clothiers and hat makers set up workshops here. The hat factory designed by the architect Erich Mendelsohn has been preserved by the town as a notable example of early 20th century industrial buildings. Since 1484 the mighty market tower has functioned as a local landmark, a market tower and the bell tower of St John's church.

Située dans la vallée de la Nuthe, la petite localité paisible de Luckenwalde se transforma à partir de 1680 en une ville active sous le règne des grands-ducs de Brandebourg. De nombreux ateliers de bonneterie, outillage, draperie et chapellerie y virent le jour. La ville a conservé un témoignage des premières heures de l'industrialisation avec la fabrique de chapeaux historique, due à l'architecte Erich Mendelsohn. Depuis 1484, la puissante tour de marché sert de symbole de la ville et de clocher à l'église Saint-Jean, sur la place du marché.

Kloster Zinna entstand im 12. Jh. und gehört heute noch zu den architektonisch eindrucksvollsten Bauten der Zisterzienser in Brandenburg. Die Mönche aus der Abtei Altenberg bei Köln legten das Kloster unter schwierigen Bedingungen in den Sümpfen des Flusses Nuthe an, welche jedoch nach der Trockenlegung einen fruchtbaren Boden boten. Die Klosterbauten zeugen von Macht und Reichtum Zinnas und hatten für die Gegend eine außerordentliche Bedeutung. In der Alten Abtei (links) ist heute eine Schaubrennerei zur Herstellung des Klosterlikörs untergebracht.

Zinna Monastery was founded in the 12th century and is still regarded as one of the architecturally most impressive Cistercian buildings in Brandenburg. The monks of Altenberg Abbey near Cologne built the monastery under difficult conditions in the Nuthe marshlands, which, after they were drained, provided the monks with fertile soil. The monastery buildings bear witness to the former power and wealth of Zinna and were of prime significance for the area. The Old Abbey houses a distillery where the traditional abbey liqueur is manufactured.

Fondée au XIIe siècle, l'abbaye de Zinna fait partie des édifices cisterciens les plus imposants dans le Brandebourg. Défiant maintes difficultés, les moines de l'abbaye d'Altenberg près de Cologne édifièrent Zinna sur les marais de la Nuthe, qui une fois asséchés, produisirent des terres très fertiles. Les bâtiments de l'abbaye témoignent de la puissance et de la richesse dont jouissait autrefois Zinna, qui a d'ailleurs gardé une certaine prospérité jusqu'à aujourd'hui. L'ancienne abbaye de 1350 abrite la distillerie où est fabriquée la liqueur de l'abbaye.

Im Jahre 2007 wurde Jüterbog 1000 Jahre alt, was aufgrund eines Feldzuges von Thietmar von Merseburg belegt ist. Die märkische Kleinstadt mit einer gepflegten Altstadt wird von der Nikolaikirche gekrönt. Der dreischiffige Bau der Kirche wurde zwischen dem 14. und 16. Jahrhundert erbaut. Ausgestattet mit prunkvollen Malereien, spiegelt sie den einstigen Wohlstand der Stadt wider. Vom Turm aus bietet sich ein eindrucksvoller Blick über den Fläminger Höhenzug.

One thousand years old in 2007 – that is the proud record of Jüterbog, whose beginnings are documented in a campaign of Thietmar von Merseburg. This little town has a beautiful Old Quarter dominated by the three-nave church of St Nicholas, dating from the 14th to 16th century. The interior is decorated with splendid paintings that reflect the former prosperity of the town. From the tower you have an fine view of the Fläming hills.

Jüterbog a célébré ses 1000 années d'existence en 2007, sa fondation étant attestée dans le récit d'une campagne de Thietmar von Merseburg. Cette petite ville de la Marche est dotée d'une pittoresque Altstadt couronnée par l'église Saint-Nicolas. L'édifice à trois nefs fut construit entre les XIVe et XVIe siècles. Ses magnifiques peintures rappellent l'ancienne prospérité de la localité. Depuis le clocher s'offre un splendide panorama sur les crêtes du Fläming.

JÜTERBOG, Dammtor

Dank günstiger Umstände ist von der mittelalterlichen Stadt noch viel erhalten geblieben. Stadttore, Kirchen und Bürgerhäuser können beim Rundgang durch die Stadt bewundert werden. Das Dammtor, wie auch die anderen Tore, ist mit einer Keule und einer Tafel ausgestattet; sie weisen auf einen gut gemeinten mittelalterlichen Ratschlag hin, den man aber nicht unbedingt in die Tat umsetzen sollte. Auf dem Marktplatz steht eines der schönsten Rathäuser Brandenburgs (1285). Das Fürstenzimmer im Obergeschoss ist mit einem Gewölbe und einer gedrehten Säule aus Sandstein ausgestattet.

JÜTERBOG, Dammtor

Thanks to a combination of favourable circumstances, much remains to see of this medieval the town. If you take a walking tour of town centre, you will have plenty of opportunities to admire its fine old gateways, churches and mansions. The Dammtor gateway, like all the others here, is embellished with a panel and a cudgel, a reference to a medieval legend whose well-meant good advice is best not put into practice. On the market square stands one of the most attractive Town Halls in Brandenburg (1285). The vaulted Great Hall on the upper floor has a spiral column made of sandstone.

JÜTERBOG, Dammtor

Jüterbog a eu la chance de conserver un grand nombre de ses édifices médiévaux. On peut admirer les portes de la ville, les églises et demeures patriciennes lors d'un circuit dans la ville. Comme les autres portes, le Dammtor est doté d'une massue et d'un panneau qui rappellent un bon conseil en vogue au Moyen Âge, mais qu'il est toutefois préférable de ne pas suivre aujourd'hui. Un des plus beaux hôtels de ville (1285) du Brandebourg domine la place du marché. Au premier étage, la salle des Princes est superbe avec son plafond à voûtes et une colonne torsadée en grès.

DAHME / Mark, Kreis Teltow-Fläming

Dahme mutet etwas Märchenhaftes an, was nicht nur das Dichterehepaar von Arnim und deren Gäste die Brüder Grimm, zu phantasievollen Geschichten angeregt haben soll. Allein der eindrucksvolle 47 Meter hohe Rathausturm ist etwas Besonderes. Von ihm aus hat man einen großartigen Blick über Stadt und Land. Die Stadt besitzt trotz zahlreicher Brände der vergangenen Jahrhunderte noch viele schöne Bauten aus verschiedenen Epochen. Wegen der Lage an der Salzstraße konnte sich der Ort so prächtig entwickeln. Selbst die Industrialisierung ließ die Stadt fast unberührt, so konnte sie ihren Flair als Marktstadt bewahren.

DAHME / Mark, Teltow-Fläming district

There is a fairy tale atmosphere about Dahme that is said to have inspired the poet couple von Arnim and their guests, the brothers Grimm, to pen their imaginative tales. The striking 47-metre-high Town Hall tower is unusual in itself. From the top, you have a superb view of the town and the countryside around. Fires often raged through Dahme in bygone centuries, but many fine buildings from various epochs still remain. The town flourished in the past because it was located on the Salt Route. It was hardly touched by the Industrial Revolution, and has retained its flair as a pretty market town till today.

DAHME / Arrondiss. de Teltow-Fläming

Dahme ressemble à une ville de contes qui n'inspira pas seulement le couple de poètes von Armin et ses amis les frères Grimm, dans leurs histoires fabuleuses. Haute de 47 mètres, la tour de l'hôtel de ville est une construction impressionnante qui offre un magnifique panorama sur la ville et ses environs depuis son sommet. En dépit de nombreux incendies au cours des siècles passés, Dahme abrite une foison d'édifices historiques d'époques différentes. La cité connut un développement prospère grâce à sa situation sur la route du sel.

Eine ganz neue Art der Wohngemeinschaft findet heute ihren Platz in altehrwürdigen Schlössern und Herrschaftshäusern, wie auch hier auf Schloss Wiesenburg. Leben im Schloss, ohne Adelstitel mit dem nötigen „Kleingeld" und der richtigen Einstellung. Das Schloss mit vielen anderen Schlossherren zu teilen, ist hier gefragt. Die wechselvolle Geschichte des Schlosses reicht bis ins 12. Jh. zurück. Seit 2003 ist die gelungene Restaurierung in moderne Wohnräume mit einer Fassade des ausgehenden 19. Jh. fertig gestellt. Der eindrucksvolle Park wurde zum Landschaftsschutzgebiet erklärt.

A quite new form of shared accommodation has taken root in time-honoured castles, stately homes and mansions, including Schloss Wiesenburg shown here. To take up residence in this community you do not need an aristocratic title, only sufficient funds and a willingness to share your property with others who live here. The chequered history of the castle dates back to its origins in the 12th century. After the completion of a successful refurbishing programme, the building now has a late 19th century facade and modern living quarters. The impressive grounds are now a nature reserve.

Aujourd'hui, nombre de châteaux et manoirs de la région offrent une nouvelle forme de vie communautaire qui n'exige pas de titre de noblesse. Il suffit seulement d'être prêt à partager les lieux avec d'autres châtelains et de posséder un compte en banque bien garni. Depuis 2003, le château de Wiesenburg abrite de luxueux appartements modernes derrière une façade restaurée à la fin du XIXe siècle. Son histoire mouvementée remonte au XIIe siècle. Le superbe parc qui l'entoure fait partie des sites protégés.

BELZIG, Burg Eisenhardt

Seit über 1000 Jahren trutzt die festungsgleiche Burg Eisenhardt im Hohen Fläming den Anfeindungen rund um Belzig. Am Grenzübergang von Brandenburg nach Sachsen diente sie als wichtige Zollstation und war daher immer wieder Brennpunkt für Auseinandersetzungen. Doch die Bewohner von Belzig ließen sich nicht davon abhalten, ihren Ort immer wieder mit viel Liebe zum Detail aufzubauen. Heute ist es ein romantisches Städtchen, welches durch seine Solevorkommen einen Wellness- und Kurort für Körper, Geist und Seele darstellt.

BELZIG, Burg Eisenhardt

For over one thousand years, the fortress-like Burg Eisenhardt in the Hohes Fläming defied the assaults of enemy forces who ventured into the area around Belzig. Its strategic position as a toll post on the border between Brandenburg and Saxony meant that it was often a focus for conflicts. Nonetheless, the inhabitants of Belzig rebuilt their settlement again and again with loving attention to detail. Today Belzig is a romantic little town whose saline springs have made it into a wellness and spa centre, a treat for mind, body and spirit.

BELZIG, château d' Eisenhardt

Depuis plus de mille ans, le château fort d'Eisenhardt protège Belzig et la contrée environnante du Hohen Fläming. Érigé à la frontière du Brandebourg et de la Saxe, il était autrefois une douane importante, et de ce fait, fut la scène de nombreux conflits au cours des siècles. Toutefois, les guerres et attaques n'empêchèrent jamais les habitants de Belzig d'aménager et d'agrandir leur cité avec beaucoup d'amour. Aujourd'hui, on peut visiter une petite ville au charme romantique, qui est également une station climatique, thermale et de wellness grâce à ses sources salées.

Die Stadt Brandenburg liegt mitten im Naturschutzgebiet Westhavelland und wird von einer reizvollen Landschaft aus Seen und Wäldern umgeben. Der historische Stadtkern breitet sich über drei Inseln aus, welche man auch per Schiff erkunden kann. Die Stadt hat für die Entwicklung des Brandenburger Landes viele Impulse gegeben. Seit dem Mittelalter bis heute ist hier der Sitz der Gerichtsbarkeit des Landes. Die Stadt wuchs aus den drei Stadtkernen der alten (1170) und neuen (1196) Stadt Brandenburg westlich- und östlich der Havelseite zu einem einzigartigen Ensemble zusammen.

The town of Brandenburg is situated in the centre of the conservation area of Westhavelland, and is surrounded by an attractive landscape of lakes and woodlands. The historic town centre extends over three islands, which can also be explored by boat. Much of the impetus for the development of the whole region originates from Brandenburg, and courts of justice have convened here since the Middle Ages. The present remarkable architectural ensemble in the town centre resulted from the amalgamation of the old (1170) and the new (1196) town of Brandenburg west and east of the Havel.

Située au cœur du parc régional de Westhavelland, Brandebourg est entourée de magnifiques paysages de lacs et de forêts. Le centre historique de la ville s'étend sur trois îlots que l'on peut découvrir en bateau. La cité a beaucoup contribué au développement du Land de Brandebourg. Depuis le Moyen Âge, elle est le centre juridique de la région. La localité s'est agrandie à partir du premier noyau historique (1170) et du deuxième centre (1196) sur les rives ouest et est de la rivière Havel pour former la ville actuelle.

Der Beetzsee wie auch das Havelland entstanden aus einer eiszeitlichen Landschaft, den Urstromtalungen, aus denen inselhafte Erhöhungen hervorragen, welche heute Ackerland, Wälder und bewohnte Gebiete tragen. Der Beetzsee ist ein Rinnensee, der aus vier Seebecken besteht, welche durch schmale Kanäle miteinander verbunden sind. Bekannt wurde der See durch seine Regattastrecke, welche von der Stadt Brandenburg seit 1969 für nationale und internationale Wassersportveranstaltungen genutzt wird. — Der Steintorturm (15. Jh.) ist einer von ehemals sieben Tortürmen.

The lake of Beetzsee, like the whole Havelland area, originated in an ice age landscape of primordial river valleys. The hills that protrude like islands from these plains now provide land for farming, forestry and areas of habitation. Beetzsee was formed by melting glaciers, and actually consists of four lake basins connected to each other by narrow channels. The lake has become famous for its regatta area, used by the municipality of Brandenburg for national and international water sports events since 1969. — The 15th century Steintor tower was once one of seven town gateways.

Le Beetzsee est un lac formé à l'époque glaciaire, en même temps que les autres paysages du Havelland. Aujourd'hui, des cultures, des forêts et des agglomérations s'étendent sur les hauteurs des anciennes vallées glaciaires. Le Beetzee est un lac d'écoulement constitué de quatre bassins reliés par d'étroits canaux. Le lac de Brandebourg est surtout connu pour son parcours de régates. Des compétitions nationales et internationales s'y déroulent depuis 1969. — Construit au XVe siècle, le Steintorturm est une des sept tours qui entouraient jadis la ville.

Die Pfarrkirche der Neustadt ist eine dreischiffige, fünfjochige Hallenkirche aus Backstein. Reste deuten auf den Vorgängerbau aus dem 12. Jh. hin. Gelder aus dem schwunghaften Ablasshandel sicherten den Neubau der Kirche, der 1381 begonnen und bis 1401 fortgeführt wurde. — Anfang des 18 Jh. erkannte man, dass eine künstliche Wasserstraße die Wege zwischen Magdeburg und den Residenzen an Spree und Havel erheblich verkürzen konnte. Dazu benötigte man zum Höhenausgleich Schleusen, wie die Schleuse Plaue von 1821; ihr Betrieb wurde 1886 durch eine größere Schleuse ersetzt.

The parish church of Brandenburg Neustadt is a three-naved, five-bay hall church constructed of brick. Some sections reveal clear traces of the 12th century church that originally stood on this site. — In the early 18th century, plans were drawn up for an artificial waterway that would considerably shorten the travelling distance between Magdeburg and the residences on the Spree and Havel. To compensate for height differences, locks like the one shown here were required. Plaue lock dates from 1821, but ceased operating in 1886 after a larger lock was built.

L'église paroissiale du quartier de Neustadt est un édifice en briques de type « halle » à trois nefs et cinq travées. Plusieurs éléments de style roman proviennent d'une église antérieure, construite au XIe siècle. — Au début du XVIIIe siècle, on reconnut qu'une voie d'eau artificielle raccourcirait les distances entre Magdebourg et les localités sur la Spree et la Havel. Des écluses telles que celle de Plaue (1821) furent construites pour pallier les dénivellations. La première écluse de Plaue n'est plus en service ; elle fut remplacée en 1886 par une construction plus importante.

Im sumpfigen und wasserreichen Land an der Havel, wo auf weiten Strecken ein Flussübergang nicht möglich ist, war es für die seit dem 7. Jahrhundert an der Havel siedelnden Slawen naheliegend, an der einzigen festen Stelle am Fluss eine Burg zu bauen. Aus ihr entwickelte sich Rathenow. Die heutige Stadt wuchs seit dem 13. Jahrhundert um diese Burganlage. Das wichtigste Bauwerk der Stadt ist die in ihren Anfängen aus dem 13. Jahrhundert stammende und im 16. Jahrhundert in ihre heutige Gestalt gebrachte St.-Marien-Andreaskirche.

In the marshy, waterlogged country of the Havel, crossing the river is impossible for miles. Small wonder then that the Slavs, who had inhabited this district since the 7th century, built a fortress to safeguard the one spot which afforded a passage across the river. In the 13th century the settlement around the castle was expanded to become the town of Rathenow. Its most interesting building is the 13th century church of St Marien-Andreas, whose present aspect results from 16th century alterations.

La Havel traverse parfois une région si marécageuse qu'il est souvent impossible de franchir la rivière pendant des kilomètres. Ce n'est donc pas étonnant que les Slaves qui y habitèrent dès le VIIe siècle, édifièrent un château-fort pour surveiller l'unique passage du cours d'eau à cette époque. Rathenow se développa autour de ce château à partir du XIIIe siècle. L'église St-Marie-et-St-André est la curiosité principale de la localité. Édifié au début du XIIIe siècle, l'édifice reçut sa forme actuelle au XVIe siècle.

RATHENOW an der Havel

In Rathenow konnte 1801 die deutsche optische Industrie ihren Anfang für einen Industriezweig nehmen, der weltweit große Anerkennung fand. Stolz blickt die Stadt auf ihren innovativen Weg in Forschung und Technik mit einem Optikpark und Optik-Industrie-Museum zurück. Auch als Garnisonsstadt wurde sie durch den Einzug der Zieten-Husaren bekannt. Die traditionsreichen Gebäude der Kaserne, welche von 1887–1891 für das Husarenregiment erbaut worden waren, dienen heute als Wohnraum. Das Bismarkdenkmal auf dem Weinberg, welches an den „Eisernen Kanzler" erinnert, erstrahlt seit 2003 ebenfalls wieder in neuem Glanz.

RATHENOW on the Havel

The industrial branch of the German optical industry was founded in Rathenow in 1801, and rapidly attained international recognition. Nowadays, in its Optical Park and Optical Industry Museum, the town looks back with great pride on its innovative approach to research and technology. Rathenow was also famous as the garrison town of General von Zieten's hussars, who were housed in barracks built for the regiment between 1887 and 1891. Today these historic buildings have been converted to normal dwellings. The Bismark memorial on Weinberg, a monument to the Iron Chancellor, was restored to its former glory in 2003.

RATHENOW sur la Havel

En 1801, commença à Rathenow le développement de l'industrie allemande de l'optique qui allait connaître une réputation mondiale. La ville est fière de présenter ses voies innovatrices en matière de recherche et technologie dans son musée de l'industrie de l'optique. Dans ses pages historiques, elle fut une ville de garnison qui abrita les hussards de Zieten. Les bâtiments de la caserne, construits pour le régiment de 1887 à 1891, sont aujourd'hui transformés en habitations. Depuis 2003, le monument de Bismark, à la gloire du « chancelier de fer » brille d'un nouvel éclat sur le Weinberg.

RUPPINER SEE mit Blick auf NEURUPPIN / Lake Ruppin at Neuruppin / Lac de Ruppin à Neuruppin

Bevor Friedrich der Große nach Rheinsberg zog, hatte er als Offizier mit seinem Regiment in Neuruppin gelebt. Was aus dieser Zeit über Friedrich berichtet wird, zeigt den preußischen Kronprinzen durchaus als Lebensgenießer. Unübersehbares Wahrzeichen der Stadt am Ufer des Ruppiner Sees ist die doppeltürmige Klosterkirche St. Trinitatis. Sie überstand als Einzige den verheerenden Stadtbrand von 1787. Friedrich Wilhelm II., inzwischen König von Preußen, ließ die Stadt als Garnisonsstadt wieder aufbauen.

Before Frederick the Great moved to Rheinsberg he lived as a regimental officer in Neuruppin. What we know of him at this time shows the Prussian crown prince as one who enjoyed life to the fullest. The most striking sight in this town on the banks of Lake Ruppin is the double-spired abbey church of St Trinitatis, the only building to survive the devastating fire of 1787. Long after Frederick William II had become king he rebuilt Neuruppin as a garrison town at the cost of the state.

Lorsqu'il était officier, Frédéric le Grand partagea la vie de son régiment à Neuruppin avant de vivre à Rheinsberg. Selon les récits, le prince héritier menait ici une vie insouciante à cette époque. L'église de cloître Sainte-Trinité est le symbole de la ville construite sur les bords du lac Ruppin. L'édifice à deux tours fut l'unique édifice de la ville qui survécut à l'effroyable incendie de 1787. Frédéric-Guillaume II était roi depuis longtemps lorsqu'il fit reconstruire Neuruppin aux frais de l'État en tant que ville de garnison.

Das am Nordufer des Ruppiner Sees gelegene Alt Ruppin bietet ein beschauliches Bild. Durch zahlreiche Gärten wird das Bild des an der Mündung des Rhin in den Ruppiner See gelegenen Stadtteils von Neuruppin aufgelockert. Alte Fischerkähne unter tiefhängenden Weiden vermitteln das Bild einer anderen Zeit. Obwohl Neuruppin einen Militärflughafen besaß, überstand die Stadt den zweiten Weltkrieg gut. Die vielen erhaltenen Bauwerke werden liebevoll gepflegt. Anlässlich des 100. Todestages des Romanciers Theodor Fontane bekam die Stadt 1998 den Zusatz Fontanestadt.

The town of Alt Ruppin, which stands on the north shore of Lake Ruppin, presents a tranquil picture to the visitor. Countless gardens give an appealing variety to the townscape; old fishing boats under low-hanging willows seem to belong to another world. Although there was a military airfield here, Neuruppin remained undamaged in the Second World War. Much care has been devoted to the preservation of its many old buildings. On the centenary of the death of the novelist Theodor Fontane, Neuruppin had "Fontanestadt" added to its name.

Située sur la rive nord du lac Ruppin, à l'embouchure de la rivière Rhin, Alt Ruppin offre un tableau paisible au visiteur. De nombreux jardins ajoutent à l'attrait de la petite ville pittoresque. De vieux bateaux de pêcheurs se berçant sous des saules pleureurs semblent faire partie d'un autre monde. Neuruppin traversa la Seconde Guerre mondiale sans grands dommages malgré la présence de son aéroport militaire. Ses nombreux édifices historiques sont superbement conservés. La ville a reçu le titre de Fontanestadt à l'occasion du centenaire de la mort du grand écrivain Theodor Fontane.

Zwei berühmte Männer, deren Spuren der Reisende in Brandenburg immer wieder begegnet, kommen aus Neuruppin. Einmal ist es der später als Baumeister berühmt gewordene Karl Friedrich Schinkel und das andere Mal ist es Theodor Fontane. Als Sohn eines Apothekers kam er am 30. 12. 1819 in der Löwenapotheke in Neuruppin zur Welt. Jahrelang ist Fontane kreuz und quer durch die Mark Brandenburg gewandert und hat in seinen Niederschriften ein einzigartiges Bild des Landes geschaffen.

Visitors to Brandenburg are constantly confronted with the names of two famous men who were born in Neuruppin – the eminent architect Karl Friedrich Schinkel and the author Theodor Fontane. Fontane, the son of a pharmacist, was born on 30 December 1819 in his father's shop in Neuruppin. For years Fontane travelled the length and breadth of Mark Brandenburg and in his writing left a unique portrait of the area. His statue in Neuruppin gives the impression that he is resting after his exertions.

Neuruppin est la ville natale de deux hommes célèbres dont les traces accompagnent constamment les visiteurs du Brandebourg l'architecte Karl Friedrich Schinkel et l'écrivain Theodor Fontane. Fontane, fils d'un apothicaire, naquit le 30. 12. 1818 dans la « Löwenapotheke » à Neuruppin. Des années durant, il parcourut la Marche de Brandebourg et traça un portrait unique de la région dans ses écrits. Sa statue à Neuruppin donne l'impression que le célèbre écrivain se repose après une longue randonnée.

KYRITZ in der Prignitz

Schon in der Jungsteinzeit war das Gebiet um die heutige Stadt Kyritz im Südosten der Prignitz besiedelt. Die Stadt selber geht auf eine slawische Burganlage des frühen Mittelalters zurück. Aus ihr entwickelte sich dank der Lage verschiedener Handelsstraßen im Laufe der Jahrhunderte eine wohlhabende Handelsstadt. Im 17. Jahrhundert verlor Kyritz diese Bedeutung allerdings und sank zu einer Ackerbürgerstadt herab. Trotz zahlreicher Brände im Laufe der Zeit besitzt Kyritz noch eine Reihe von beachtlichen Fachwerkhäusern.

KYRITZ district of Prignitz

The area around the town of Kyritz, in the south-east of the district of Prignitz, was inhabited as far back as Neolithic times. Kyritz originated in an early medieval Slav fortress which lay in a strategic position on a number of trade routes, and it soon burgeoned into a prosperous trading town. Its decline came in the 17th century, when it became no more than an agricultural community. Although Kyritz was often ravaged by fire, there are still some very attractive timbered houses in the centre.

KYRITZ, Sud-Est de la Prignitz

La région autour de Kyritz située dans le Sud-Est de la Prignitz, était déjà habitée au néolithique. La ville est née d'un château-fort slave du début du Moyen Âge. Au fil des siècles, elle s'est développée en une cité marchande prospère grâce à sa situation au carrefour de routes de commerce. Kyritz perdit toutefois son importance au XVIIe siècle pour devenir une communauté rurale. Bien que dévastée par de nombreux incendies, elle a conservé quelques maisons à colombages splendides qui bordent les rues du centre-ville.

KYRITZ / Ruppiner Land ▷

Wittenberge ist die Stadt zwischen Turm und Strom an der Elbe, hier wo einst das schöne Burgfräulein Kunigunde auf ihren Ritter wartete. Laut der Sage soll der Ritter ihres Herzens die Burg vernichtet haben, als er nach seiner Heimkehr vom Treuebruch seiner Braut erfuhr. An dieser Stelle wurde später das Singer-Nähmaschinenwerk erbaut, welches mit dem hohen Uhrenturm ein Wahrzeichen der Stadt ist. Nach den Vernachlässigungen durch das DDR-Regime, kann Wittenberge heute wieder eine schmucke Altstadt vorweisen.

Wittenberge on the Elbe nestles between river and tower, and it was here, according to legend, that the beautiful princess Kunigunde was tired of waiting for the homecoming of her fiancé. The story goes that when he finally returned and learned of her infidelity, he set the whole castle on fire. The Singer sewing machine factory was built on this spot centuries later, with its high clock tower that is now a local landmark. Wittenberge's heritage was sadly neglected by the former East German regime, but the Old Town has been restored and is now a well-kept and attractive district.

La tour de Wittenberge sur l'Elbe évoque la belle damoiselle du château qui attendait le retour de son chevalier en haut de son donjon. Selon la légende, à son retour, le chevalier aurait détruit le château en apprenant l'infidélité de sa promise. C'est à cet endroit que fut plus tard construite la fabrique de machines à coudre Singer, un symbole de la ville, de même que le haut clocher. Après avoir été laissée à l'abandon durant le régime de la RDA, la vieille-ville de Wittenberge a aujourd'hui retrouvé tout son charme.

Auf einer Insel in der Stepenitz gründeten die edlen Herren Gans von Putlitz eine Burg, die zum Ausgangspunkt einer Siedlung wurde. Am 29. 0ktober 1239 erhielt diese Siedlung Perleberg die Stadtrechte. Der Ort wurde als Mittelpunkt der Prignitz eine wichtige Handelsstadt. Das Selbstbewusstsein der Perleberger Bürger spiegelt sich in der Gestalt des Roland, der erstmals 1498 erwähnt wurde. Roland und Rathaus sowie die Jacobikirche (15.Jh.) stehen auf dem Großen Markt im Altstadtkern, der heute noch sehr malerisch von der Stepenitz in zwei Armen umflossen wird.

Perleberg began as a settlement on an island in the Stepenitz, where a castle had been founded by the Lords of Putlitz. On October 29th, 1239, Perleberg received a charter and soon became a leading trading town of the Prignitz area. The statue of the legendary knight Roland, representing justice and the power of trade, was first recorded in 1498 and stood as a visible emblem of civic pride. He faces the town hall and the Jocobi church (15th) in the old quarter, which is attractively surrounded by the branching river Stepenitz.

Perleberg fut d'abord une petite communauté qui se développa autour d'un château-fort érigé par un seigneur, von Putlitz, sur une île de la Stepenitz. Perleberg reçut son droit de ville le 29 octobre 1239 et devint une importante ville marchande dans la région de la Prignitz. La statue de Roland, mentionnée pour la première fois en 1498, est un symbole de prospérité et de fierté civique. Elle se dresse devant l'hôtel de ville et le église Jacobi sur la place du Marché, dans l'ancien quartier qui se niche entre deux bras de la rivière Stepenitz.

Plattenburg bei Perleberg

In typischer Prignitzlandschaft liegt das ehemalige Zisterzienserinnenkloster Heiligengrabe. Sehenswert ist die architektonische Gestaltung der fast vollständig erhaltenen Anlage, die eine interessante Baugeschichte aufweist. In vielfältiger Weise ist dieser Ort traditionsreich: Die Zisterzienserinnen pflegten bereits vor über 700 Jahren den gregorianischen Choral. Noch heute erklingt die Orgel von 1725, auf der sogar Johann Sebastian Bach gespielt haben soll. König Friedrich II. erhob das Haus 1740 zum evangelischen Damenstift.

The former Cistercian convent of Heiligengrabe (Sacred Tomb) is situated in a landscape that is characteristic of the Prignitz area. It is worth a visit for the impressive architecture of its extremely well-preserved buildings, which have their own interesting history. This place is rich in traditions in many ways: Over 700 years ago, the Cistercian nuns used Gregorian chant to celebrate mass. The organ, still in use, dates from 1725 and was supposedly also played by Johann Sebastian Bach. In 1740 King Frederick II converted Heiligengrabe into a Lutheran foundation for women.

L'ancienne abbaye cistercienne de Heiligengrabe s'étend dans un paysage caractéristique de la Prignitz. La plupart des bâtiments sont admirablement conservés et montrent différents styles architecturaux qui révèlent l'histoire captivante de l'abbaye Il y a plus de 700 ans, les cisterciennes de Heiligengrabe étaient déjà connues pour leur chorale de chants grégoriens. Aujourd'hui encore, on utilise l'orgue (1725) sur lequel Jean-Sébastien Bach aurait joué. En 1740, le roi Frédéric II de Prusse transforma l'abbaye en une institution pour dames nobles protestantes.

△ Klosterstift Heiligengrabe ▽ Stiftskirche

△ „Martyrium des Petrus" in der Klosterausstellung ▽ Heiliggrabkapelle

Am Rande der Kyritz-Ruppiner Heide gelegen, ist Wittstock eine typische märkische Kleinstadt. An den slawischen Ursprung der Stadt erinnert ihr Name. Wittstock kommt aus dem Slawischen und bedeutet „hochgelegen". Der Name weist auf die Lage der Stadt am Zusammenfluss von Dosse und Glinze hin. Von der einstigen Burg der Bischöfe von Havelberg blieb der eindrucksvolle Amtsturm erhalten. Wittstock ist eine der wenigen Städte, deren Altstadt noch von einer vollständig erhaltenen Stadtmauer umgeben ist.

Wittstock, situated on the edge of the Kyritz-Ruppiner heath, is a typical town of the Mark Brandenburg. Its name is of Slav derivation and means high confluence. This refers to the position of the town at the meeting point of two rivers, the Dosse and the Glinze. Little remained of the former castle of the bishops of Havelberg, apart from the impressive gateway named the Amtsturm. Wittstock is one of the few towns which is still completely surrounded by town walls.

Située à la lisière de la lande Kyritz-Ruppin, Wittstock est une petite ville typique de la Marche de Brandebourg. Son nom est d'origine slave et signifie « confluent haut » en vieux slave. La ville s'étend en effet au confluent des rivières Dosse et Glinze. La tour majestueuse dite Amtsturm est un vestige de l'ancien château des évêques de Babelsberg. Wittstock est une des rares villes qui a conservé la majeure partie de son enceinte médiévale.

Kein anderer Ort in Brandenburg erinnert heute noch so an die Zeit, als Friedrich II. Kronprinz war, wie Schloss Rheinsberg in Rheinsberg am Grienericksee. Hier soll der große König seine glücklichsten Jahre verlebt haben. Als Friedrich 1740 König wurde und nach Potsdam umsiedeln musste, vermachte er das von Knobelsdorff und J. G. Kemmeter umgebaute Schloss seinem Bruder, dem Prinzen Heinrich. Im Park nahe dem Schloss befindet sich die Grabstätte des Prinzen. Kurt Tucholsky machte mit seinem „Bilderbuch für Verliebte" (1912) Rheinsberg unsterblich.

Nowhere else in Brandenburg you can find more memories of the time when Frederick the Great was crown prince than at Rheinsberg Palace in Rheinsberg on lake Grienerick. It is here that the great king is said to have spent his happiest years. When he ascended the throne he had to move to Potsdam and the ownership of the palace, which like the grounds was designed by the renowned architect Knobelsdorff, fell to Frederick's brother, Prince Heinrich. The prince is buried in a park near the palace.

Le château de Rheinsberg qui se dresse sur l'île du lac de Grienerick, évoque particulièrement la jeunesse de Frédéric le Grand. C'est ici que le célèbre roi aurait passé ses plus belles années, alors qu'il était prince héritier. Il dut aller s'installer à Potsdam après être monté sur le trône et offrit le château bâti par Knobelsdorff à son frère Henri. Le tombeau du prince s'élève dans le parc du château. Kurt Tucholsky a immortalisé Rheinsberg dans son œuvre « Un livre d'images pour amants ».

GRANSEE, Barockschloss Meseberg, Königin-Luise-Denkmal (1811) von Karl-Friedrich Schinkel

Der Gransee ist einer von geradezu unzähligen Seen, die das nördliche Brandenburg durchsetzen. Er wäre nicht weiter erwähnenswert, läge nicht an seinem Ufer eine der hübschesten kleinen Städte, die es heute in Brandenburg gibt: Gransee. Beachtliche Reste der alten Stadtbefestigung mit dem malerischen Ruppiner Tor, dem schmalen Marktplatz, der Marienkirche mit ihren beiden ungleichen Türmen und das eiserne Königin-Luise-Denkmal lassen den Eindruck aufkommen, in Gransee sei die Zeit etwas langsamer vergangen. Das Barockschloss Meseberg beherbergt heute Regierungsgäste.

The Gransee, just one of countless lakes strewn over north Brandenburg, would hardly be worth a mention if it were not for the fact that one of the prettiest towns in Brandenburg lies on its shore. Time seems to move slowlier here, for so much from the past remained: the town walls with the picturesque Ruppin gateway, the narrow market square, the Marienkirche with its assymetrical towers and the memorial to the Prussians' beloved Queen Luise, whose body lay here for a night en route to Berlin. The baroque castel Meseburg houses guests of the goverment.

Le lac de Gran n'est qu'un des multiples lacs qui parsèment le nord du Brandebourg. Mais il mérite cependant d'être mentionné car une des plus jolies villes du Brandebourg s'étend sur ses rives. Le temps semble s'être arrêté à Gransee qui a conservé de nombreuses traces du passé des vestiges de son ancienne enceinte dont la porte Ruppin, une place du marché pittoresque, l'église Notre-Dame aux deux tours asymétriques et le monument commémoratif de la reine Louise, très aimée de son peuple, dont le cercueil resta une nuit à Gransee.

Der Name der Stadt Oranienburg nördlich von Berlin ist untrennbar verbunden mit der aus dem holländischen Geschlecht Nassau-Oranien stammenden Prinzessin Luise Henriette. Der Große Kurfürst schenkte ihr Bötzow und ließ an Stelle eines alten Schlosses seiner Gemahlin ein neues Schloss bauen, das im Hinblick auf die Herkunft der Kurfürstin aus dem Hause Oranien zusammen mit dem Ort Bötzow den Namen Oranienburg bekam. Heute zeigen darin das Schlossmuseum eine große Porzellan-und Gemäldeausstellung und das Kreismuseum präsentiert die Geschichte der Region.

The name of the town of Oranienburg, north of Berlin, is inseparably connected with Princess Luise Henriette, a member of the Dutch dynasty of Nassau-Orange. Her husband, the Elector, gave her Bötzow as a present. On the site of an old palace he had then a new palace built for his wife called Oranienburg, which is a reference to her family name. Today the palace museum and the regional museum house works of art and a large porcelain collection.

Le nom de la ville d'Orianenburg située au nord de Berlin est inséparable de celui de la princesse Louise-Henriette issue de la maison hollandaise Orange-Nassau. Le Grand Électeur lui offrit Bötzow et fit construire une nouvelle résidence sur l'emplacement d'un vieux fort. Le château et la localité de Bötzow reçurent le nom d'Orianenburg d'après la lignée de la princesse. Aujourd'hui, le musée du château et le musée régional abritent une importante collection de porcelaine et de tableaux.

Nur der Blick aus der Luft kann den Reichtum der brandenburgischen Landschaft an fließendem und stehendem Wasser erfassen. Eine besonders einprägsame Wasserlandschaft zieht sich am Westrande der Schorfheide hin. Der Vosskanal, wichtig als Verbindung zwischen dem Oder-Havel-Kanal und der Havel, wird hier von unzähligen kleinen Seen und Teichen gerahmt. Zisterzienserinnen des um 1250 gegründeten Klosters Zehdenick nutzten die durch den Tongrubenabbau entstandenen Teiche als Fischteiche, denn sie lebten fleischlos.

Only a bird's eye view – or a flight passenger's one – can take in the rich variety of the flowing and still waters of Brandenburg's countryside. An especially impressive landscape of wetlands and water extends along the western edge of Schorfheide. The Voss Canal, an important link between the Oder-Havel Canal and the Havel, is bordered by countless small lakes and ponds, many dug out by the Cistercian nuns of Zehdenick convent, founded in 1250. They ate no meat and so needed a ready supply of fish.

Seule une vue aérienne peut dévoiler la richesse en lacs et rivières de la nature brandebourgeoise. Un véritable paysage d'eau s'étend tout le long de la lisière occidentale de la Schorfheide. Le canal de Voss qui est une voie navigable importante entre le canal de l'Oder-Havel et la Havel, est bordé d'une multitude de petits lacs et étangs. Un grand nombre d'entre eux ont été aménagés par les nonnes du couvent cistercien de Zehdenick fondé vers 1250. Les membres de cet ordre étaient végétariens et avaient besoin de pièces d'eau pour leur fournir du poisson.

Thermalsoleheilbad TEMPLIN am Templiner See / spa with thermal saline springs / Station thermale

Templin erhielt seinen Namen wegen der Lage, denn er bedeutet „am Wasser gelegener Hügelort". Dies war für die Verteidigung ein wichtiger Pluspunkt und für die askanischen Markgrafen der entscheidende Schritt, diesen Ort 1230 zu erwerben. Der historische Stadtkern von Templin wird heute noch von einer eindrucksvollen Stadtmauer umgeben, welche den strategisch günstig an Fernhandelsstraßen gelegenen Ort, schützen sollte. Die Stadtmauer und die backsteingotische St.-Georgen-Kapelle zählen zu den ältesten Bauten Templins.

The name of Templin derives from its situation, for it literally means "the hilly place beside the water". Such a site was of great defensive advantage, and this was a key factor in the decision of the Ascanian margraves to purchase the settlement in 1230. Even today, the historic town centre of Templin is surrounded by the impressive town wall that was originally built to protect this strategically significant town located on medieval trade routes. The town defences and the brick Gothic chapel of St George are among the oldest buildings in Templin.

Templin doit son nom à sa situation géographique car celui-ci signifie « colline au bord de l'eau ». En raison de cette situation idéale pour assurer la défense d'un lieu, les margraves ascaniens acquirent le site en 1230. Jusqu'à aujourd'hui, le cœur historique de Templin est entouré de remparts impressionnants, qui protégeaient la cité bâtie à un endroit stratégique des grandes routes de commerce. Les fortifications et l'église Saint-Georges de style gothique, bâtie en brique, font partie des plus anciennes constructions de Templin.

TEMPLIN in der Uckermark

Auf dem Luftbild kann man gut die in geraden Linien verlaufenden Viertel und Plätze der Altstadt erkennen, welche durch die vielfachen Zerstörungen der Stadt innerhalb der Stadtmauer neu gegliedert wurden. Mitten auf dem Platz steht das barocke Rathaus (1746–1748), es wurde auf den Grundmauern der verschiedenen Vorgängerbauten errichtet. Die schöne Lage am Templiner See bietet Kurgästen und Besuchern viele Freizeitangebote sowie idyllische Bootsfahrten in die verwunschenen Sumpfniederungen der Umgebung.

TEMPLIN in the Uckermark

This aerial view gives a good impression of how the streets of the Old Town have been laid out in straight lines on a grid pattern. This arose because the part of the town within the old walls was destroyed and rebuilt so often. The Baroque Town Hall (1746–48) in the centre of the square was reconstructed on the foundations of its various predecessors. The town's pleasant situation on Lake Templin offers spa guests and visitors numerous leisure activities as well as idyllic boat trips through the enchanting marshlands of the surrounding countryside.

TEMPLIN dans l'Uckermark

La vue aérienne montre parfaitement les plans droits des places et quartiers de la vieille-ville (Altstadt) qui fut remodelée après diverses destructions au cours des siècles. Se dressant au milieu de la place, l'hôtel de ville baroque fut construit de 1746 à 1748 sur les fondations de plusieurs prédécesseurs. Entouré d'une nature idyllique, le lac de Templin offre aux curistes et aux vacanciers un grand choix de loisirs, dont des promenades en bateau à travers des marécages à la végétation exubérante.

 PRENZLAU an der Ucker / Uckermark, Blick auf das historische Stadtzentrum mit dem Mitteltorturm und der Marienkirche

Am nördlichen Ende des Unteruckersees entwickelte sich seit 1172 aus einem slawischen Burgwall die heutige Stadt Prenzlau. Lange Zeit war sie das historische Zentrum der Uckermark, jener Grenzlandschaft, die immer wieder in kriegerische Auseinandersetzungen zwischen Brandenburg, Mecklenburg und Pommern verwickelt war. Von der alten Stadtbefestigung sind heute nur noch drei Tortürme, darunter der Mitteltorturm, erhalten geblieben. Daneben sieht man die zweitürmige Marienkirche, die im 13. und 14. Jahrhundert gebaut wurde.

The present-day town of Prenzlau dates back to 1172, when it was no more than a Slav fortress on Lake Unterucker. For centuries Prenzlau was the chief town of the Uckermark, a border area that was constantly involved in the long-standing armed hostilities between Brandenburg, Mecklenburg and Pomerania. Parts of the 13th century town walls still stand, and some of its gateways, including the Mitteltorturm in the photo, have survived to this day. Right next to it, you can see the 13th and 14th century Marienkirche.

Prenzlau fut fondée en 1172 autour d'un château-fort slave qui s'élevait à la pointe nord du lac Unterucker. La ville est restée longtemps le centre historique de l'Uckermark, une région frontalière que le Brandebourg, le Mecklembourg et la Poméranie ne cessèrent de se disputer au cours des siècles. Trois portes dont le Mitteltorturm sont des vestiges des anciennes fortifications de la ville. Derrière, se dresse l'église Notre-Dame construite du XIIIe au XIVe siècle.

Auf der höchsten Geländeerhebung liegt nahe dem See die aus dem 13. Jahrhundert stammende St. Marienkirche mit ihrem gewaltigen Westturm. Die kleine Stadt Angermünde hat sich trotz ihrer verkehrsmäßig wichtigen Lage bis heute eine ländliche Atmosphäre bewahrt. Im Süden ragt der Pulverturm (Ende des 13. Jahrhunderts) als einziges erhaltenes Gebäude der Stadtbefestigung 20 Meter hoch auf. Zuerst diente der Pulverturm als Strafraum und Gefängnis, später nutzten ihn Kaufleute zur Lagerung ihrer Pulvervorräte. Auf der Turmspitze brüten seit 1850 nachweislich Weißstörche.

Near the lake stands St Marienkirche (13th century) with a massive west tower. Despite its situation on main traffic routes, the little town of Angermünde has retained its rural atmosphere to this day. In the south of the town, the 20-metre-high Pulverturm, or Powder Tower, provides a conspicuous landmark. Dating from the 13th century, it is the only remaining section of the former town defences. Originally a prison and place of punishment, it was later used by merchants to store powder. White storks have been recorded as nesting on top of the tower since 1850.

L'église Sainte-Marie domine le lac depuis la plus haute colline de la contrée. L'édifice flanqué d'une puissante tour date du XIIIe siècle. Bien qu'elle soit située près d'une route à grande circulation, la petite ville a gardé une atmosphère champêtre jusqu'à aujourd'hui. Au sud de la localité, la « Pulverturm », haute de 20 m, fut édifiée à la fin du XIIIe siècle et est l'unique élément conservé des anciens remparts. Elle servit d'abord de prison avant que les marchands n'y stockent leurs réserves de poudre. Dans la chronique de la ville, il est mentionné que les cigognes nichent sur son sommet depuis 1850.

Die ehemaligen Staatsjagdgebiete der SED-Führung, welche zu DDR-Zeiten für den Normalbürger nicht zugänglich waren, will man heute teilweise sich selbst überlassen. Dazu hat man im Biosphärenreservat Schorfheide-Chorin Teile als Totalreservate eingerichtet, die nicht betreten werden dürfen. Die Schorfheide hat eine Waldfläche von 64.580 Hektar und ist somit eines der größten zusammenhängenden Waldgebiete Deutschlands. Am Parsteiner See liegt das „Ökodorf Brodowin". Der umfangreiche Demeter-Betrieb zählt zu den größten Arbeitgebern der Uckermark.

The former state hunting grounds of the Communist Party leadership of former East Germany were not accessible for normal citizens. Now the area has in part been completely left to itself, for the new biosphere conservation area of Schorfheide-Chorin is closed to all visitors. The forested area of Schorfheide covers 64,580 hectares and is therefore one of the largest contiguous wooded areas in Germany. The ecological village of Brodowin is situated on Lake Parstein. This extensive Demeter organic farm is now one of the biggest employers in Uckermark.

L'ancien territoire de chasse des dirigeants de l'Allemagne de l'Est, alors interdit au peuple commun, est devenu un parc naturel. Il comprend des réserves telles que Schorfheide-Chorin, dont certaines parties sont des biotopes fermés au public. La Schorfheide abrite une étendue boisée de 64 580 hectares, ce qui en fait une des plus grandes régions de forêts d'un seul tenant d'Allemagne. Le « village écologique » de Brodowin s'étend sur le lac de Parstein. Demeter, une importante entreprise de produits bio est un des principaux employeurs de l'Uckermark.

Dieser See ist wie kaum ein anderer in der Mark Brandenburg von Sagen und Märchen umrankt und von besonderer landschaftlicher Schönheit. Der 13 Kilometer lange und bis zu 60 Meter tiefe See ist ein landschaftliches Kabinettstück des größten Waldgebietes der Mark Brandenburg. Das weite Gebiet der Schorfheide mit seinen großen Wäldern, Feuchtbiotopen und Mooren prägt diese von vielen seltenen Tieren belebte Landschaft. Sie war seit jeher Jagdgebiet der Mächtigen, von den Askaniern angefangen über die Kurfürsten bis hin zu Göring und Honecker.

Not far north of Lichterfelde we find the Werbelliner See, a lake of mystery and legend in an especially beautiful setting. Hardly any other lake in Mark Brandenburg is surrounded by so many sagas and folk tales as this one. 13 kilometres long and up to sixty metres deep, it is the showpiece of Schorfheide, the largest forest in Mark Brandenburg. For centuries Schorfheide has provided hunting-grounds for the mighty, from the ancient dynasty of the Askaner to Goering and Honecker in the 20th century.

À une demi-heure de trajet au nord de Lichterfelde nous approchons le Werbellinsee entouré de légendes. Un paysage magnifique encadre le lac de 13 km de long et dont la profondeur atteint 60 mètres. Il s'étend au cœur du plus grand territoire boisé de la Marche de Brandebourg. La Schorfheide, est composée de forêts, de biotopes et de marais où vit une faune rare. Elle a toujours été le territoire de chasse des puissants, depuis les Ascaniens, les prince-électeurs à Goering et Honecker au XXe siécle.

Die Ruine des ehemaligen Zisterzienserklosters Chorin gilt als die bedeutendste Ruine der Mark Brandenburg. 1273 erbaut, wurde das Kloster alsbald als Beispiel edelster norddeutscher Backsteingotik architektonisches Vorbild für weitere Klosterbauten der Zisterzienser. Die Reformation 1542 brachte das Ende des Klosters, es verfiel zunehmend. Erst im 19. Jahrhundert fanden erste Rekonstruktionsvorschläge des Baumeisters C. F. Schinkel für die Erhaltungsmaßnahmen statt. Heute veranstaltet die Klosterkirche die berühmten Choriner Sommerkonzerte.

The ruins of the Cistercian abbey of Chorin are the most noteworthy in the Mark Brandenburg. Built in 1273, the abbey was an superb example of North German brick Gothic and served as a model for later Cistercian foundations. In 1542, the Reformation resulted in the closing down of the monastery, and its condition increasingly deteriorated. It was not until the 19th century that the architect C. F. Schinkel drew the first plans to preserve its remains. Nowadays the Chorin summer concerts take place here.

Les vestiges du monastère cistercien de Chorin sont une des principales curiosités de la Marche de Brandebourg. Édifié en 1273, le monastère était un ouvrage magnifique d'architecture de style gothique nord-allemand et servit de modèle à la construction d'autres monastères cisterciens. La Réforme en 1542 sonna la fin du monastère qui tomba peu à peu en ruine. Mais au XIXe siècle, on entreprit en partie sa reconstruction d'après des plans du célèbre architecte C. F. Schinkel. des concerts s ´y déroulent en été.

Die Waldstadt Eberswalde-Finow liegt im Biosphärenreservat Schorfheide-Chorin. Die waldreiche Umgebung mit dem üppigen Bestand an Wildschweinen hat sicherlich zur Namensgebung geführt. Bereits um 1532 entwickelte sich hier am frühesten Industriestandort in der Mark Brandenburg die metallbearbeitende Industrie. Trotz der prächtigen Stadtentwicklung und der sich ausdehnenden Industrie konnte die Stadt sich ihren Waldstadtcharakter bewahren. In der Messingwerksiedlung in Finow wurde 1913 ein bedeutender bronzezeitlicher Goldfund entdeckt.

Eberswalde-Finow is situated in the biosphere reserve of Schorfheide-Chorin. The name Eberswalde (Boar Wood) surely derives from the surrounding forests, home to a large population of wild boar. As early as 1532, the metalworking industry began to flourish here, making this the earliest industrial site in Mark Brandenburg. Eberswalde developed into a fine town with an expanding industry but nonetheless succeeded in retaining the character of a forest town. A notable find of Bronze Age gold was discovered in the historic Messingwerk estate in 1913.

Située dans la réserve écologique de Schorfheide-Chorin, Eberswalde-Finow (signifiant forêt des verrats) doit certainement son nom aux forêts abondant en sangliers qui entourent ce chef-lieu d'arrondissement. À partir de 1532, une industrie du métal se développa dans cette localité longtemps rurale de la Marche de Brandebourg. Malgré sa transformation en ville prospère industrielle, elle a gardé jusqu'à aujourd'hui un cachet de ville verdoyante où il fait bon vivre. En 1913, de fascinants bijoux en or datant de l'époque du bronze furent découverts.

Von der Höhe des Schiffshebewerkes Niederfinow schaut man auf den Oder-Havel-Kanal. Der Versuch eines Schifffahrtswegs zwischen Oder und Havel wurde 1605 bis 1620 das erste Mal unternommen. 1914 baute man ihn zum Großschifffahrtsweg Berlin-Stettin statt mit elf nur noch mit vier Schleusen um. Seit dem Mittelalter suchte man nach Möglichkeiten, die Wasserscheide zwischen Oder und Havel zu überwinden. Erst als im 16. Jahrhundert die Kammerschleuse erfunden wurde, konnte der uralte Traum des Oder-Havel-Kanals verwirklicht werden.

Here we see the Oder-Havel Canal from the ship hoist at Niederfinow. Medieval lords tried in vain to master the difficulties of crossing the Barnim watershed between the Oder and the Havel, but it was not until the invention of the lock-gate in the 16th century that this dream could be realised. Between 1605 and 1620 a first attempt was made to build the important shipping route between Oder and Havel. In 1914 four were added when the canal was extended to connect Berlin and Stettin with four instead of the former eleven locks.

Cette image du canal de l'Oder-Havel est prise depuis l'élévateur de bateaux de Niederfinow. L'importante voie fluviale entre l'Oder et la Havel qui comprend 11 écluses, fut construite entre 1605 et 1620. 4 écluses furent ajoutées en 1914 lorsqu'on agrandit le canal pour relier Berlin à Stettin. Dès le Moyen Âge, les seigneurs de la région avaient cherché à traverser la ligne de partage des eaux entre l'Oder et la Havel. Toutefois, le rêve d'un canal Oder-Havel ne put être réalisé qu'après l'invention de l'écluse au XVIe siècle.

BAD FREIENWALDE ALTRANFT

Für Brandenburger Verhältnisse sind die 150 Meter Höhenunterschied innerhalb von Bad Freienwalde beträchtlich. Der Ort liegt auf dem Barnimplateau an der Alten Oder. Das heilende Wasser der Kurfürstenquelle wurde bereits 1683 entdeckt und war der Beginn für die Entwicklung zur Kurstadt. – Das Dorf Altranft bei Bad Freienwalde wurde seit den 70er Jahren des 20. Jahrhunderts als Freilichtmuseum umgestaltet. Viele Veranstaltungen bringen den Menschen von heute das Leben von damals nahe. Auch das barocke Schloss, welches seine Anfänge als Herrenhaus um 1600 hatte, gehört dazu.

BAD FREIENWALDE ALTRANFT

The 150 metre of difference in altitude within Bad Freienwalde are respectable, going by Brandenburg standards. The medicinal Prince Elector springs were discovered as early as 1683, an event that marked the start of the town's growth as a spa. – In the 1970s, the village of Altranft near Bad Freienwalde was redesigned as an open air museum. The Baroque palace, tracing back to a manor house of about 1600, is also part of the complex. A host of events are designed to bring the past to life for the present generation.

BAD FREIENWALDE ALTRANFT

Dans la région plutôt plate du Brandebourg, la ville d'eau de Bad Freienwalde est située en hauteur, puisqu'elle se trouve à 150 m d'altitude sur le plateau de Barnim. La source d'eau minérale fut découverte dès 1683, et est à l'origine du développement de la ville thermale. – Le village d'Altranft près de Bad Freienwalde a été transformé en un musée en plein air dans les années 1970. Diverses manifestations y ont lieu, au cours desquelles on découvre les modes de vie des temps passés, également dans le château baroque édifié vers 1600, qui fait partie de ce musée captivant.

BERNAU / Barnim

Ein askanischer Fürst, Albrecht der Bär, soll im Jahre 1140 bei einem Trinkgelage die Idee gehabt haben, Bernau zu gründen. Die Geschichte vom Trinkgelage könnte einen realen Hintergrund haben: Bis ins 17. Jh. war Bernau eine ausgesprochene Brauereistadt, hier soll damals das beste Bier der Mark Brandenburg gebraut worden sein. Von der alten Stadt sind noch Teile der Wehranlage erhalten. Dazu gehören das gewaltig wirkende Steintor und der 26 Meter hohe Hungerturm, der mit ihm durch zwei Wehrgänge verbunden ist. Heute beherbergt das Steintor das Heimatmuseum (Bild oben).

BERNAU / Barnim

In 1140, the story goes, a nobleman named Albert the Bear decided during a drinking session to found the town of Bernau. The legend may bear a grain of truth in it, for until the 17th century Bernau was a town of brewers, and the best beer in Brandenburg is said to have been made here. Parts of the old town walls remained, including the massive, austere Steintor gateway and the 26-metre-high Hungerturm. Today the Steintor houses the local history museum.

BERNAU / Barnim

L'idée de fonder Bernau serait venue en 1140 à Albert l'Ours, prince ascanien, lors d'une beuverie. L'histoire pourrait être vraie car Bernau fut une ville de brasserie importante jusqu'au XVIIe siècle. C'est ici que la meilleure bière de la Marche de Brandebourg aurait été fabriquée. La ville a conservé des vestiges de son ancienne enceinte dont la porte massive appelée Steintor et la tour dite Hungerturm qui y est reliée par deux chemins de rondes. L'édifice haut de 26 mètres abrite aujourd'hui un musée folklorique.

Im eiszeitlichen Gebiet an den Mühlenbecker Seen bietet sich eine einmalige Landschaft, die viele der Naherholungssuchenden aus Berlin in ihren Bann schlägt. Wälder, Seen und Sumpflandschaften fügen sich zu einer stimmungsvollen Umgebung zusammen, die man am besten mit dem Fahrrad erkunden kann. Als einstiges Jagdhaus des Kurfürsten Friedrich Wilhelm von Brandenburg, 1650 zuerst errichtet, hatte Schloss Dammsmühle bis zum Verfall eine wechselvolle Geschichte. Heute soll es wieder restauriert und den Gästen als Kulturerlebniswelt zur Verfügung gestellt werden.

The present-day scenery around the Mühlenbeck lakes originated in the Ice Age. This unique landscape is an attractive destination for Berliners in search of a local recreational area. Together, its woods, lakes and marshlands create an atmospheric, harmonious environment best explored on a bicycle. The handsome Schloss Dammsmühle, dating from 1650, has a chequered history. It was once the hunting lodge of Elector Friedrich Wilhelm von Brandenburg but fell into disrepair over many years. Plans have now been made to restore it and open it to visitors as a culture centre.

Formée à l'époque glaciaire, la contrée des lacs dits Mühlenbecker Seen est un but d'excursion favori des Berlinois en quête de détente. Forêts, lacs et marais s'associent en une nature unique à découvrir en randonnées à pied ou à bicyclette. Pavillon de chasse érigé en 1650 pour le prince-électeur Guillaume de Brandebourg, le château de Dammsmühle vécut une histoire mouvementée au cours des siècles. Le projet de sa restauration est en cours, et il sera transformé en un lieu destiné à accueillir des événements culturels.

STRAUSBERG – grüne Stadt am See

Idyllisch liegt Strausberg inmitten einer seen- und waldreichen Landschaft am Straussee, dem größten See der Umgebung. Dieses Naherholungsgebiet bietet für Berlin eine Vielzahl an Erholungs- und Freizeitmöglichkeiten. Ende des 12. Jh. wollten die verschiedensten Fürsten ihren Machtbereich um das Siedlungsgebiet der Sprewanen erweitern, was dann auch dem wettinischen Markgraf der Lausitz gelang. Das neu gewonnene Land bekam die Bezeichnung „Barnem". Die Stadt Strausberg hat ihre Bestimmung als Militärsitz seit dem 18 Jh. beibehalten und beherbergt eine der größten Garnisonen der Bundeswehr im Osten.

STRAUSBERG, the green lakeside town

Strausberg is idyllically located on the largest lake of the region at the Straussee, in the middle of a landscape of woods and water. This local recreational area, with its many opportunities for leisure activities, is popular with Berliners. At the end of the 12th century various dukes tried to extend their sphere of influence to the lands of the Sprewanen, a Slav tribe, and the victor was the Margrave of Lausitz. His newly gained lands were named "Barnem". Since the 18th century Strausberg has retained its role as a military town and is home to one of the largest garrisons of the German army in the East.

STRAUSBERG, ville verte sur le lac

Strausberg s'étend dans un site idyllique au bord du plus grand lac de la région, le Straussee. La ville est entourée de splendides paysages de forêts et plans d'eau qui constituent une aire de loisirs près de Berlin offrant une multitude de possibilités de détente et de sports. Vers la fin du XIIe siècle, les margraves de la lignée des Wettiner, maîtres de la Lusace, conquirent cette région convoitée par divers princes. Le terroir s'appela désormais « Barnem ». Depuis le XVIIIe siècle, Strausberg est une ville de garnison, abritant aujourd'hui une des plus grandes casernes de la Bundeswehr de l'est de l'Allemagne.

Theodor Fontane schreibt 1861 über den Schermützelsee und die Stadt Buckow: „... und haben vielleicht das schönste Landschaftsbild vor uns, das die Märkische Schweiz ... aufzuweisen vermag ... unmittelbar unter uns der blaue, leis gekräuselte Schermützelsee, drüben am anderen Ufer, in den Schluchten verschwindend und wieder zum Vorschein kommend, die Stadt (Buckow) und endlich hinter derselben eine bis hoch hinauf mit jungen frischgrünen Kiefern und dunklen Schwarztannen besetzte Berglehne". Der Sage nach soll einst eine Stadt im 45 Meter tiefen See versunken sein.

Theodor Fontane's description of Buckow and Lake Schermützel in 1861: "... and we have perhaps the most beautiful scenery before us that the Märkische Schweiz ... has to offer. Immediately below us lies the rippled blue Schermützelsee, on the far shore the town, disappearing and reappearing from the gorges, and finally, beyond the town, a ridge, covered to the summit with young green pines and dark firs." The lake is 45 metres deep and in its waters there lies, according to legend, a sunk city.

Theodor Fontane décrivit le lac de Schermützel et Buckow en 1861: « ... et nous regardons peut-être le plus beau paysage que la Märkische Schweiz (la Marche suisse) ait à offrir ... à nos pieds, les ondulations bleues du Schermützelsee, là-bas, sur la rive lointaine, la ville (Buckow) qui apparaît et disparaît entre les gorges et puis, en toile de fond, une haute crête couverte de jeunes pins verts et de sapins sombres. » Selon une légende, une ville serait engloutie dans le lac profond de 45 mètres.

Altfriedland bei Neuhardenberg ist ein Angelparadies; Karpfen, Aal, Hecht, Wels und andere Fischarten tummeln sich in den Seen. Im Sommer ist das Nachtangeln sehr beliebt und im August feiert man den Fischreichtum mit dem Altfriedländer Fischerfest. In dieser seen- und waldreichen Landschaft haben sich Vogelbiotope gebildet, die das europäische Vogelschutzgebiet bewahren soll. — Zum Dank für seine Rettung bei der Schlacht von Kunersdorf 1759 schenkte Friedrich der Große, dem Rittmeister der Zietenschen Husaren, J. B. von Prittwitz Schloss Neuhardenberg.

Altfriedland near Neuhardenberg is an anglers' paradise, for carp, eel, pike, and catfish are plentiful in the local lakes. Night fishing is popular in summer, and in August the abundance of fish is celebrated during the Altfriedland Fishing Festival. This area, rich in lakes and woodlands, provides an ideal environment for birds and is now a European bird sanctuary. — In gratitude for saving his life at the Battle of Kunersdorf 1759, Frederick the Great presented J. B. von Prittwitz, cavalry captain of the Zieten hussars, with Schloss Neuhardenberg.

Altfriedland près de Neuhardenberg est un paradis pour les pêcheurs. Les étangs abondent en carpes, anguilles, brochets, silures et autres espèces de poissons. La pêche nocturne est très prisée en été ; en août, la fête du poisson d'Altfriedland célèbre le richesse aquatique de l'endroit. Cette région de lacs et de forêts abrite également divers biotopes, habitats des oiseaux. — Pour le remercier de l'avoir sauvé durant la bataille de Kunersdorf en 1759, Frédéric le Grand offrit le château de Neuhardenberg à J. B. von Prittwitz, capitaine dans le régiment des hussards de Zieten.

Prägnant auf einer Anhöhe mit steil abfallenden Hängen bis zur Oder hinab, war Lebus bis zur Gründung Frankfurts (Oder) 1253 die einflussreichste Stadt in dieser Region. Die Stellung die Lebus einnahm, lässt sich noch heute an den Resten der alten Wehranlagen erkennen. Direkt an der Grenze zu Polen gelegen, unterlag der Ort wechselseitiger Besitzverhältnisse. Lebus liegt in einem Steppenrasengebiet, daher kann man im Frühjahr einen regelrechten Blütenteppich von Adonisröschen bestaunen. Die idyllischen Oderniederungen bieten Flora und Fauna einen idealen Lebensraum.

Strikingly situated on a height that slopes steeply down to the Oder, Lebus was the dominant town in this region till Frankfurt on the Oder was founded in 1253. Remains of the ancient defences of Lebus are still visible as evidence of its former strategic importance. Lebus changed hands many times in its history, for it stands directly on the Polish border. Its position in an area of steppe-like grassland means that in spring the area is covered in a carpet of deep red pheasant's-eye flowers. The idyllic plains of the Oder provide an ideal habitat for flora and fauna.

Accrochée à un versant abrupt du fleuve Oder, Lebus fut la principale localité de la région jusqu'à la fondation de Francfort-sur-l'Oder en 1253. Les vestiges de fortifications rappellent l'importance ancienne de la ville située directement sur la frontière polonaise, qui de ce fait changea souvent de nationalité. Autour de Lebus, s'étendent des prairies qui au printemps se transforment en tapis de fleurs, surtout colorés d'adonides rouges ou jaunes. Les rives idylliques de l'Oder offrent un habitat idéal à la faune et la flore.

PASSAGEN

FRANKFURT (Oder), Rathaus mit Blick zum Brunnenplatz mit der St. Marienkirche / Town hall / Hôtel de ville

Das Kirchengebäude der St. Marienkirche gehört zu den größten Gebäuden der norddeutschen Backsteingotik. Die Bleiglasfenster (14. Jh.) stellen in 111 Bildern unter anderem die Schöpfungsgeschichte dar. Das Rathaus von Frankfurt/Oder zählt architektonisch zu den schönsten und wertvollsten Rathäusern östlich der Elbe. In seinen Anfängen stammt es als gotischer Backsteinbau aus dem 13. Jh. Anfang des 17. Jh. erweiterte man das Gebäude im Stil der Renaissance. Den einstigen Reichtum der Hansestadt bezeugt der Schmuckgiebel vom Ende des 14. Jh.

The church of St Mary is one of the largest examples of a North German brick Gothic building. The 14th century lead glass-stained windows portray, amongst others 111 scenes from the biblical Creation Story. The town hall of Frankfurt is regarded one of the finest and architecturally most significant ones east of the Elbe. The origins of the first Gothic brick building can be traced back to the 13th century. In the early 17th century extensions were added in Renaissance style. Especially noteworthy is the eye-catching ornamental gabling that dates from the 14th century.

L'église Sainte-Marie fait partie des édifices majeurs du gothique en briques du nord de l'Allemagne. Ses fenêtres du XIVe siècle comprennent 111 tableaux illustrant la Création. L'hôtel de ville de Francfort compte parmi les plus belles architectures d'hôtels de villes à l'est de l'Oder. D'abord édifice gothique en briques construit au XIIIe siècle, il fut élargi dans le style Renaissance au début du XVIIe siècle. Le pignon magnifique, ajouté à la façade à la fin du XIVe siècle, témoigne de l'ancienne richesse de la ville de la Hanse.

Im Mittelalter war Frankfurt (Oder) dank seiner Lage an den wichtigen Handelsstraßen zu Land und Wasser die bedeutendste Stadt der Mark Brandenburg. Nach dem Zweiten Weltkrieg wurde Frankfurt durch den Verlust von Schlesien zur Grenzstadt mit dem wichtigsten Straßen- und Eisenbahnübergang nach Polen. Welche Bedeutung die Stadt im Mittelalter hatte, beweist die Tatsache, dass Frankfurt Mitglied der Hanse und von 1506 bis 1811 Sitz der brandenburgischen Landesuniversität Viadrina war, die inzwischen als Europa-Universität neugegründet worden ist.

In the Middle Ages, Frankfurt on the Oder's position on important trade routes and waterways made it the principal town of Brandenburg. After the last war Frankfurt stood on the main road and rail crossing from East Germany to Poland. Its significance in the Middle Ages is shown by the fact that Frankfurt was a member of the Hanseatic League and home to the Viadrina University of the State of Brandenburg from 1506 till 1811. This institution has now been refounded and renamed Europa-University.

Au Moyen Âge, Francfort-sur-l'Oder était la ville la plus importante de la Marche de Brandebourg en raison de sa situation au carrefour de routes de commerce fluviales et terrestres. Après la Seconde Guerre mondiale, Francfort devint une ville frontalière, plaque tournante majeure de la circulation vers la Pologne. L'importance de la ville au Moyen Âge se dévoile dans le fait qu'elle faisait partie de la Hanse. Entre 1506 et 1811, elle fut également le siège de l'Université Viadrina du Brandebourg qui a de nouveau été recréée en tant qu'Université de l'Europe.

Als Umschlagplatz für den Weitertransport der Waren zur Oder lud man hier, wo die Spree nicht mehr tief genug war, für den Landtransport um. Für Fürstenwalde war dies der Aufstieg zu einer der wohlhabendsten Städte der Mark Brandenburg. Der Klerus nahm dies zum Anlass sich auch hier niederzulassen und erhob die Stadt zu einer der drei märkischen Domstädte. Die Stadt gelangte immer wieder zu neuen Blütezeiten, wie durch den Bau des Friedrich-Wilhelm-Kanals 1662, der Spreemühlen 1837, die Anbindung der Eisenbahn und durch die Industrie im 19. Jahrhundert.

As the Spree was too shallow for water transport here, Fürstenwalde became a terminal where goods were transferred over land to the Oder. This marked the start of its rise to prosperity as one of Brandenburg's richest towns. The clergy used this as a reason to settle here, raising its status to one of the three cathedral towns of Mark Brandenburg. Fürstenwalde enjoyed a series of heydays, for example with the construction of the Friedrich Wilhelm Canal in 1662, the building of the Spree mills in 1837 and the rail connection and industrialisation of the 19th century.

C'est à cet endroit où la Spree n'était plus assez profonde que les marchandises étaient déchargées pour être ensuite transportées vers l'Oder. Grâce au transbordement fluvial, Fürstenwalde devint une des villes les plus prospères de la Marche de Brandebourg. Le clergé en fit ensuite un des trois grands évêchés de la région. La ville ne cessa de connaître des périodes d'essor au cours des siècles, entre autres avec la construction du canal Frédéric-Guillaume en 1662, celle des moulins de la Spree en 1837, le rattachement au réseau de chemin de fer et l'industrialisation au XIXe siècle.

Schloss Steinhöfel bei Fürstenwalde

Schon um 1400 war das Adelsgeschlecht derer von Wulffen in Steinhöfel ansässig. Sie bauten erst ein märkisches Herrenhaus, später, durch mehrfache Umbauten, gelangte Schloss Steinhöfel zu seinem heutigen Aussehen im klassizistischen Stil mit neobarocken Grundzügen. Als einer der schönsten Adelssitze in der Mark stellt sich das Ensemble von Schloss und englischem Park dar. Überregionales Interesse weckt das Schloss auch heute wieder. Als stilvolles Hotel, Café und Restaurant bietet es für viele Gelegenheiten einen ganz besonderen Rahmen.

Schloss Steinhöfel near Fürstenwalde

As early as 1400, the seat of the Wulffen dynasty was situated in Steinhöfel. Schloss Steinhöfel, their first residence in the Mark, has been rebuilt many times since it was first founded. Today its exterior is characterised by a neo-Classical style with distinct neo-Baroque features. Together with its landscaped park in English style, Schloss Steinhöfel is one of the finest stately homes in the region. It is now becoming known to a wider public, for it houses a stylish hotel, café and restaurant that provide an attractive setting for events of all kinds.

Château de Steinhöfel, Fürstenwalde

Dès 1400, la lignée noble des Guelfe s'installa à Steinhöfel où elle bâtit d'abord une résidence de margraviat. Après diverses transformations au fil du temps, le château reçut son aspect actuel, mélange de style classique et néo-baroque. L'ensemble château et parc à l'anglaise constitue une des plus belles résidences seigneuriales de la Marche. Le château est aussi une adresse connue au delà de la région depuis qu'il est devenu un hôtel-restaurant qui offre une ambiance élégante pour fêtes et réceptions. Un café accueille également les visiteurs.

Als zweitgrößten See Brandenburgs nannte schon der Dichter Theodor Fontane den Scharmützelsee „Märkisches Meer". Das Wort Scharmützel hat mit dem deutschen Wort in Bezug auf ein Gefecht nichts zu tun, der Ursprung des Namens scheint slawischer Herkunft zu sein. Bad Saarow kam erst Anfang des 20. Jh. in die Blütezeit, dank des Gartenarchitekten Ludwig Lesser, der den Ort als Kurort neu gestaltete. — In der schönen Oder-Spreelandschaft liegt die Kreisstadt Beeskow, umgeben von einer Stadtmauer. In der historischen Altstadt besitzt sie eine der größten Kirchen der Mark Brandenburg.

Lake Scharmützel, the second largest lake in Brandenburg, was christened the "Sea of the Mark" by the poet Theodor Fontane. The name Scharmützel may be of Slavic origin, and is not derived from the German word for battle or skirmish as one might expect. The heyday of Bad Saarow came in the early 20th century, thanks to the landscape architect Ludwig Lesser, who redesigned it as a health resort. — Beeskow is situated in the beautiful Oder-Spree countryside. In the historic Old Town, which is still surrounded by ancient defences, stands one of the largest churches in Mark Brandenburg.

L'écrivain allemand Theodor Fontane appelait le Scharmützelsee la « mer de la Marche de Brandebourg ». Le lac est en effet le deuxième du Brandebourg par sa superficie. Son nom vient de la langue slave. L'essor de Bad Saarow n'a commencé qu'au début du XXe siècle, grâce à l'architecte-paysagiste Ludwig Lesser qui a transformé la localité en ville thermale de charme. — Chef-lieu d'arrondissement, Beeskow s'étend dans la belle nature de l'Oder-Spree. Entourée de fortifications et dotée d'une vieille-ville historique, Beeskow abrite la plus grande église de la Marche de Brandebourg.

Beiderseits des Oder-Spree-Kanals, in unmittelbarer Nähe zur Oder, die hier die Grenze zu Polen bildet, entstand 1961 Eisenhüttenstadt. Die Grundlage war der Zusammenschluss der alten schon im 13. Jahrhundert gegründeten Stadt Fürstenberg an der Oder mit Stalinstadt. Stalinstadt selbst war 1950 als Wohnstadt für die Beschäftigten des Eisenhüttenkombinates J. W. Stalin geschaffen worden. Aus diesem Städtezusammenschluss bildete sich die erste sozialistische Stadt der damaligen DDR. Doch im alten Fürstenberg lebt immer noch die Atmosphäre einer märkischen Oderstadt.

Eisenhüttenstadt stands on the Oder-Spree Canal, a short distance from the River Oder which here forms the border between Poland and Germany. The name Eisenhüttenstadt dates from 1961, when the 13th century town of Fürstenberg was united with 20th century Stalinstadt. Fürstenberg has retained much of its traditional provincial character: Stalinstadt was founded in 1950 to accommodate workers from the J. W. Stalin iron processing combine. It was the first socialist town in the former East Germany.

Eisenhüttenstadt s'étend de chaque côté du canal Oder-Spree, tout près de l'Oder qui constitue la frontière avec la Pologne. La ville est née en 1961 de la réunion de Stalinstadt avec Fürstenberg sur l'Oder, ancienne localité fondée au XIIIe siècle. Stalinstadt était une agglomération créée en 1950 pour les travailleurs de l'usine sidérurgique J. W. Stalin. Elle fut la première ville de l'ancienne RDA bâtie à l'ère socialiste. Toutefois, l'ancienne Fürstenberg a conservé l'atmosphère d'une ville de la Marche de Brandebourg.

Das Hinterland von Eisenhüttenstadt entpuppt sich bei einer Fahrt nach Westen als außerordentlich abwechslungsreich und landschaftlich schön. Kein Wunder, dass sich hier zwischen dem Gebiet Müllrose und dem Spreewald zahlreiche Landschafts- und Naturschutzgebiete aneinanderreihen. Eine Kette kleiner Seen zieht sich durch das Tal der Schlaube hin, und zahlreiche alte Mühlen, die zum Teil in Gasthäuser umgewandelt worden sind, locken die Ausflügler an. Die Bremsdorfer Mühle nahe der Straße von Eisenhüttenstadt nach Beeskow ist heute eine Jugendherberge.

The countryside to the west of Eisenhüttenstadt is extraordinarily varied and scenically extremely attractive. It is no wonder then, that between Müllrose and the Spreewald there is a number of protected areas and nature reserves. A chain of small lakes runs through the valley of the Schlaube and there are numerous old mills, some converted into guest houses, to attract tourists. One of these is the much-visited Mill Bremsdorf, on the road from Eisenhüttenstadt to Beeskow, today a youth hostel.

En partant vers l'ouest, on découvrira toute une diversité de paysages magnifiques dans l'arrière-pays d'Eisenhüttenstadt. Ce n'est donc pas étonnant que les sites naturels protégés se succèdent ici entre Müllrose et le Spreewald. Une chaîne de petits lacs s'étire à travers la vallée de la Schlaube où de nombreux vieux moulins, parfois transformés en auberges, attirent les excursionnistes. Le moulin de Bremsdorf situé près de la route qui conduit de Eisenhüttenstadt à Beeskow, abrite aujourd'hui une auberge de jeunesse.

Kloster Neuzelle bei Guben

Neuzelle ist das einzige vollständig erhaltene Zisterzienserkloster Brandenburgs und eines der wenigen in Europa. Markgraf Heinrich der Erlauchte gründete 1268 das Kloster und schuf damit den Grundstock der Besiedelung der Niederlausitz. Die Klosteranlage wurde zwischen 1300 und 1330 errichtet. Der sächsische und böhmische Einfluss macht sich in der barocken Bauweise der Kirche bemerkbar. 1817 säkularisierte Friedrich Wilhelm II. das Kloster und somit ging es als Stift Neuzelle an den Staat Preußen über. Zur Unterstützung des Stiftes finden heute viele Veranstaltungen statt.

Neuzelle Monastery near Guben

Neuzelle is the only completely preserved Cistercian monastery in Brandenburg, and one of the few in Europe. Margrave Henry the Illustrious founded the monastery in 1268 and in doing so created a basis for the settlement of Lower Lausitz. The monastery was established between 1300 and 1330. Saxon and Bohemian elements are especially apparent in the church's Baroque architecture. Frederick William II secularised the monastery in 1817 and ownership of the Neuzelle Foundation passed to the State of Prussia. Many cultural events take place here in order to finance the foundation.

Monastère Neuzelle prés de Guben

Neuzelle est l'unique monastère cistercien entièrement conservé du Brandebourg et l'un des rares qui existent encore en Europe. Il fut fondé en 1268 par le margrave Henri « l'Éclairé » qui établit ainsi la base de la colonisation de la Basse-Lusace. Le monastère fut construit entre 1300 et 1330. Le style baroque de l'église est dû à des influences de Saxe et de Bohême. En 1817, Frédéric-Guillaume III fit séculariser le monastère qui revint ainsi à la Prusse. Aujourd'hui, l'entretien du complexe est financé grâce à de nombreuses manifestations culturelles.

Kloster Neuzelle bei Guben

Der Bau der Klosterkirche St. Marien gilt mit seiner barocken Innenausstattung als seltenes Juwel im Gebiet von Ost- und Norddeutschland. Die üppige Innenausstattung ist vollständig erhalten und bietet eindrucksvolle Freskenzyklen, Altäre und Skulpturen. In der Passionszeit werden in der Wallfahrtskirche monumentale Szenen der Passionsgeschichte aus historischen Kulissenteilen von 1751 als barockes Kulissentheater nachgestellt. Das Kloster führt die hauseigene Tradition des Bierbrauens seit 1268 bis heute fort und produziert jährlich noch ungefähr 40.000 Hektoliter Bier.

Cistercian monastery Neuzelle

The church of St Mary's monastery is regarded as a rare jewel of Baroque art in the region of East and North Germany. The opulent interior furnishings have been completely preserved, with impressive fresco cycles, altars and sculptures on display. During Lent monumental scenes from the story of the Passion are reconstructed in the form of a Baroque theatre in the pilgrims' church. The monastery's tradition of brewing beer, dating back to 1268, has continued to the present, and about 40,000 hectolitres of beer are brewed here annually.

Abbaye de Neuzelle

L'abbatiale Sainte-Marie abrite un remarquable intérieur baroque, style rare dans la région nord-est allemande. Entièrement conservé, l'aménagement somptueux est composé de fresques, autels et sculptures magnifiques. Durant la semaine de la Passion, cette église de pèlerinage est la scène de tableaux monumentaux illustrant les souffrances de Jésus. Depuis 1268, l'abbaye poursuit la tradition du brassage de la bière. Sa brasserie produit aujourd'hui annuellement quelque 40 000 hectolitres d'une bière réputée dans la région.

GUBEN, die Neißestadt und historische Hauptstadt der Niederlausitz / on the Neisse / en Lusace

Die Teilung Gubens nach 1945 hat im Stadtgefüge schwere Narben hinterlassen. Durch eine umfassende Neugestaltung wurden mit attraktiven Plätzen und renovierten Wohnräumen Oasen geschaffen, welche nun einen angenehmen Blick auf eine innovative Stadt ermöglichen. Textilien und Hüte, einst aus Naturmaterialien, machten Guben zu einer bekannten Stadt. Heute sind es Kunststoffe und Chemie, die der Stadt, die stets dem Fortschritt entgegen gegangen ist, auch fortan eine einträgliche Zukunft sichern sollen.

In 1945, Guben was divided into two parts, a political decision that left deep architectural scars on its townscape. The town has now been extensively rebuilt, and its attractive squares and renovated residential areas provide an oasis in the centre of what has become a highly innovative town. Guben was once famous for its manufacture of textiles and hats in natural fibres. After decades in which all progress was denied to the town, Guben is now set on course for a more profitable future on the basis of its synthetics and chemical industries.

La division de Guben après 1945 laissa de profondes cicatrices à cette ville de la Lusace. Mais grâce à la réhabilitation de quartiers et l'agencement de places et squares, elle offre aujourd'hui des oasis agréables qui ajoutent à la qualité de vie. Capitale historique de la Basse-Lusace, Guben était autrefois connue pour son industrie textile et la chapellerie. Innovatrice et de tout temps ouverte au progrès, la ville sur la Neisse s'est aujourd'hui recyclée dans l'industrie des matières plastiques et la chimie, des branches qui devraient lui assurer un avenir prospère.

Im Osten Brandenburgs liegt Cottbus, von den Sorben Chosebuz genannt. Dank seiner Lage an der Spree ist es das südöstliche Tor zum Spreewald, aber auch wirtschaftlicher und kultureller Mittelpunkt der Niederlausitz. Schon 1156 wurde die Stadt erstmals erwähnt. Nach einem Stadtbrand 1671 wurde das Zentrum von Cottbus im Stil des sächsischen Barocks neu aufgebaut. Aus dieser Zeit stammen die denkmalgeschützten Häuser am Marktplatz. Von der alten Stadtbefestigung blieben drei Stadttore erhalten.

Cottbus, named Chosebuz by the indigenous Sorb people, lies in the east of Brandenburg. Spremberger Tor is one of three surviving gateways that were once part of the medieval town walls. Due to its geographical position Cottbus has not only become the industrial and cultural centre of Niederlausitz but also the south-eastern approach to the Spreewald. In 1671 the town burnt down and was rebuilt in Saxon Baroque style. The houses on the market square, now historical monuments, date from this period.

Cottbus ou Chosebuz en langue sorbe, s'étend à l'est de Brandebourg. Sa situation sur la Spree fait de la ville la porte sud-est du Spreewald, mais aussi le centre culturel et économique de la Basse-Lusace. La ville est mentionnée pour la première fois en 1156. Le centre de Cottbus fut reconstruit dans le style saxon baroque après un incendie en 1671. C'est de cette époque que datent les maisons de la place du Marché qui sont monuments protégés. Trois portes sont des vestiges de l'enceinte qui entourait la ville.

COTTBUS, Altmarkt mit seinen barocken Bürgerhäusern / Old market, with Baroque burghers' houses / Altmarkt avec ses maisons baroques

Die Pest und kriegerische Auseinandersetzungen machten Cottbus lange Zeit zu schaffen. Jedoch kam mit den Hugenotten im 18. Jahrhundert und später mit der Industrialisierung im 19. Jahrhundert der langersehnte Aufschwung. Als Cottbus an das Schienennetz der Eisenbahn angeschlossen wurde, erlebte die Stadt als Verkehrsknotenpunkt eine neue Ära. Die ältesten Cottbusser Gebäude befinden sich im Mühlengraben. Sie dokumentieren die Entwicklungsstufen der Gerberei. Sehenswert sind Fürst Pückler Museum, Park und Schloss Branitz bei Cottbus.

For many years Cottbus struggled with problems of the plague and military disputes. In the 18th century, however, the long awaited economic upturn came about with the arrival of the Huguenots, followed in the 19th century by the Industrial Revolution. When Cottbus was connected to the rail network at a main junction, a new era of prosperity began. The oldest buildings here are located in Mühlengraben. They document various developmental phases of the tanning industry. Fürst Pückler Museum, Branitz palace and park a local attraction.

Les guerres et la peste ont longtemps déterminé le destin de Cottbus. Mais la ville a enfin connu un essor avec l'arrivée des huguenots au XVIIIe siècle et l'industrialisation au XIXe siècle. Après avoir été rattachée au réseau ferroviaire, elle est devenue une plaque tournante de communications qui a renforcé sa prospérité. Les édifices historiques de Cottbus se trouvent au Mühlengraben. Les anciennes tanneries rappellent le développement de la ville, de même que le musée Fürst Pückler, le parc and le château Branitz, près de Cottbus.

COTTBUS, Schloss Branitz

Der Landschaftsgarten von Schloss Branitz wurde 1811 von einem der bemerkenswertesten Gartengestalter des 19. Jh., Hermann Fürst von Pückler-Muskau, angelegt und erlangte, in seiner Form eines Gartenkunstwerkes, internationale Bedeutung. Wunderbare Gartenbilder eröffnen sich dem Betrachter beim Lustwandeln in den Parkabschnitten.

The landscaped gardens of Schloss Branitz were laid out in 1811 by one of the most remarkable landscape architects of the 19th century, Hermann Fürst von Pückler-Muskau. They have attained international fame as a work of art in themselves, and today these wonderful gardens still charm the many visitors who stroll though the park.

Le parc paysager du château de Branitz fut aménagé en 1811 par un des plus grands spécialistes de jardins du XIXe siècle. Le prince Hermann von Pückler-Muskau créa ici une œuvre d'art de verdure de réputation internationale. Des décors et vues magnifiques s'offrent aux visiteurs à chaque détour d'allée.

COTTBUS, „Vogelhochzeit“

Ein alter sorbischer Brauch besagt, dass am 25. Januar die Krähe und die Elster Hochzeit feiern. An diesem Tag soll kein Baum gefällt werden. Das Fest wird als Bescherungsfest gefeiert, die lieben Kinder bekommen Süßigkeiten und diejenigen, die nicht artig waren, einen Zweig oder ein Stück Kohle auf den Teller gelegt.

Cottbus, the Birds' Wedding – According to an old Sorb legend, the crow and the magpie celebrate their wedding day on 25th January, and so no tree may be felled on this day. The festival is also a time for giving presents. Well-behaved children receive sweets, but the naughty ones will find nothing more than a twig or a piece of coal on their plates.

Cottbus, « Noce des oiseaux » – Selon une vieille légende sorbe, les corbeaux et les pies se marient les 25 janvier. Ce jour-là, aucun arbre ne doit être abattu. Les Sorbes fêtent la « Noce des oiseaux » en costume national.

Die Landschaft an der Spree wurde schon vielfach mit verklärtem Blick beschrieben, in diesen Erzählungen war bestimmt auch Spremberg eingeschlossen. Die Altstadt liegt im Auenland der Spree zwischen zwei Spreearmen auf einer Insel, umgeben von einer herrlichen Landschaft. Über die Jahrhunderte hat sich das Stadtbild mit den Gegebenheiten verändert und angepasst, Handwerk und Industrie wurde Raum überlassen, so dass sich die Stadt gut entwickeln konnte. Wollweber, Tuchmacher und Färber standen in Lohn und Brot. Heute testet man neueste Technologie im modernsten Braunkohlekraftwerk.

The scenery of the Spree has often been described in ecstatic terms, and the writers surely included Spremberg in their enthusiasm for the area. The Old Town is situated in the water meadows of the Spree on an island between two branches of the river, and is surrounded by beautiful countryside. The townscape of course had to change and adapt over the centuries. Spremberg first became prosperous through thriving crafts and industries that employed wool weavers, cloth-makers and dyers. These days, employees test the latest technologies in an ultra-modern lignite power station.

Les paysages de la Spree ont été chantés bien des fois, et Spremberg, surnommée la « perle de la Lusace » ne fait pas exception. Sa vieille-ville s'étend sur une île entre deux bras de la rivière, entourée d'une nature superbe. Au fil des siècles, la physionomie de la ville s'est modifiée selon les circonstances. Elle s'est agrandie grâce à l'artisanat et l'industrie qui lui ont apporté la prospérité. Les drapiers, tisserands et teinturiers y contribuaient autrefois. Aujourd'hui, on y développe des technologies de pointe dans une centrale moderne de lignite.

Unter dem Schloss und der Festungsanlage entstand das mittelalterliche Senftenberg. Jedoch erst mit dem Abbau des „Schwarzen Goldes" seit 1860 entwickelte sich der Ort zur Energiezentrale. Die Hinterlassenschaften des Braunkohletagebaus schaffen Platz für eine der größten künstlichen Wasserlandschaften Europas, das Lausitzer Seenland. Mit der Rekultivierung wird eine Erholungslandschaft und neue Chance für Senftenberg entstehen. — „Wir sind die Sänger von Finsterwalde ..." und das schon seit 1565. Alle zwei Jahre wird in Finsterwalde das größte Volksfest Brandenburgs, das Sängerfest, gefeiert.

In the Middle Ages there was a mine beneath the town's castle and fortifications, but not until industrial coal mining began in 1860 did Senftenberg emerge as a centre of energy resources. The legacy of the lignite industry now can be seen in one of Europe's largest artificial aquatic landscapes, the Lausitz lake district. Disused mines have been recultivated to make a recreational park and generate new opportunities for the town. — Finsterwalde's singers became famous in a popular song. Brandenburg's biggest festival, the Finsterwalde Song Festival, is celebrated every two years.

Senftenberg fut fondée au Moyen Âge au-dessous du château et des fortifications, mais c'est seulement à partir de 1860 que la localité se développa grâce à l'extraction de « l'or noir ». L'exploitation des gisements de lignite a laissé en héritage un des plus grands paysages aquatiques artificiels d'Europe : le site des lacs de la Lusace, dont profite aujourd'hui la ville. — « Nous sommes les chanteurs de Finsterwalde... » entonnent les habitants de la ville depuis 1565. Tous les deux ans, s'y déroule le « Sängerfest », qui est la plus grande fête populaire du Brandebourg.

Gleich isser da!

Nach über 825 Jahren Geschichte hat Herzberg an der Schwarzen Elster kaum etwas von seinem mittelalterlichen Charme eingebüßt. Eindrucksvoll ist der botanische Jugendstilgarten mit der Marxschen Villa von 1907 und das Planetarium von 1965 bietet interessante Führungen an. — Eine sonnenreiche Gegend und naturbelassenes Wasser sind der Grundstock für ein gutes Bier, welches die Schlossbrauerei seit 1745 ausschenkt. Durch den in den Fürstenstand erhobenen Grafen zu Lynar (1807) erhielt der ursprüngliche Rittersitz (1521) und der dazugehörige Ort den Namen Fürstlich Drehna.

Herzberg on the Elster is over 825 years old, and has lost hardly any of its medieval charm. Among its most impressive sights are the Art Nouveau botanical gardens of 1907 in the grounds of Villa Marx. Other visitor attractions include interesting tours of the Planetarium, dating from 1965. — The Castle brewery, dating from 1745, attributes its fine beers to the area's sunny climate and natural water sources. When Count zu Lynar was granted the title of Prince in 1807, his original residence of 1521 and the settlement around were renamed Fürstlich (princely) Drehna.

Après plus de 825 ans d'histoire, Herzberg sur les rives de l'Elster n'a presque rien perdu de son charme médiéval. Le jardin botanique de la villa Marx (1909) de style Art nouveau est remarquable. Le Planetarium de 1965 offre de captivantes visites guidées. — Une contrée ensoleillée et une eau pure sont deux conditions essentielles pour fabriquer une bonne bière, comme celle qu'offre la brasserie du château depuis 1745. En même temps qu'un titre de prince, le comte zu Lynar (1807) reçut un ancien château de chevalier (1521), qui s'appela dès lors château Fürstlich Drehna (Drehna princier).

LUCKAU, Niederlausitz

Luckau, eine der flächenmäßig (200 km²) größten Städte Deutschlands, verfügt über einen historischen Stadtkern von seltener Geschlossenheit. Die schönen Bürgerhäuser mit italienischen Renaissancegiebeln (um 1700) schaffen ein mediterranes Antlitz und lassen den damaligen Reichtum der Stadt nur erahnen. — Anhand von Ausgrabungen und weiteren Erkenntnissen hat man die Slawenburg in Raddusch in unmittelbarer Nähe der urzeitlichen Burg so errichtet, wie sie wohl damals als Fluchtburg der Lusizi (heutige Sorben/Wenden), ausgesehen haben muss. Anders als vor über 1000 Jahren ist der Innenausbau, denn dieser ist als moderner Funktionsbau für die Ausstellung ausgestattet.

From its area (over 200 km²) Luckau is one of the largest town in Germany. The historic town centre displays a rare architectural unity. The handsome mansions from about 1700, with their gabling in Italian Renaissance style, lend a Mediterranean aspect to the town and also give some impression of its former prosperity. — The Slav castle in Raddusch has been reconstructed on the evidence of archaeological excavations and other data. It was erected over 1000 years ago beside the early castle and served as a refuge of the Lusizi people (now the Sorbs or Wends). The interior bears no resemblance to the original, as it now houses an informative exhibition.

Luckau, est l'une des plus grande ville d'Allemagne par sa superficie (200 km²) abrite un noyau historique d'une rare homogénéité. Les belles maisons patriciennes aux façades à pignons de style Renaissance italienne évoquent l'ancienne richesse de la ville. — S'appuyant sur les fouilles et d'autres recherches, on reconstitua le fort slave de Raddush près de l'emplacement de celui d'origine. Le fort qui servait, il y a plus de mille ans, de refuge aux Lusitzes, appelés aujourd'hui Sorbes, est bâti à l'identique, sauf son intérieur qui a été agencé en lieu d'exposition.

RADDUSCH (Spreewald), Slawenburg ▷

Sorbische Ostereier-Werkstatt

Bereits im Altertum waren Eier das Symbol des Lebens. Im 2. Jh. verknüpften die Christen das Aufbrechen der Eierschale mit der Öffnung der Grabstätte von Jesus. Gefärbte (rote) Eier waren bereits zum Neujahrsfest im alten Persien bekannt. Noch heute sollen rote Eier besonderes Glück verheißen. Die Lausitz ist bekannt für die Pflege volkstümlicher Osterbräuche. Die vielen Ostereiermärkte lohnen einen Besuch dieses Landstriches. Mit besonderer Liebe verzieren hier die Sorben ihre Ostereier. Jedes Ei ist ein in Handarbeit entstandenes Kunstwerk, mit Kratz-, Ätz- oder Wachstechnik hergestellt.

Sorb Easter egg customs

Even in the Ancient World, eggs were recognised as a symbol of life. In 2 A.D. Christians began to associate the breaking of the eggshell with the opening of Christ's tomb. In Ancient Persia, eggs were dyed red to celebrate New Year, and even today, red eggs are said to make people be lucky. The Lausitz region is well-known for preserving ancient Easter customs, and a visit is especially recommended in this season, when many Easter egg markets take place. The Sorb people decorate their Easter eggs with loving care and attention. Each egg, carefully crafted by scratching, etching or waxing typical motifs, becomes a work of art in itself.

Pâques dans la tradition sorbe

L'œuf était déjà un symbole de vie dans l'Antiquité. Au IIe siècle de notre ère, les chrétiens associaient le brisement d'une coquille d'oeuf à l'ouverture du tombeau de Jésus. Dans toutes les régions d'Allemagne, on peint des œufs à l'occasion de Pâques ceux colorés en rouge sont supposés apporter du bonheur. La Lusace est notamment connue pour entretenir ses traditions pascales séculaires. Les nombreux marchés de Pâques de la région attirent une foule de touristes. Les Sorbes transforment chaque oeuf en un petit chef-d'œuvre, usant de toutes sortes de techniques de peinture.

In den zweisprachigen Gemeinden der Niederlausitz wird von Mitte Januar bis in den März der Brauch der Sorbischen Fastnacht „Zapust" gefeiert. Der farbenfrohe Umzug in den traditionellen Trachten, bei dem der Winter ausgetrieben werden soll, gehört in mehr als 35 Gemeinden um Cottbus zu den Höhepunkten des Dorflebens. Nur in zwei Dörfern, wie hier in Werben am Rande des Spreewalds, wird noch die typische Haube (Lapa) zum Zapust getragen. In Brandenburg leben etwa 20.000 Sorben/ Wenden, in Sachsen sind es doppelt so viele.

From mid-January to March, the bilingual parishes of Lower Lausitz celebrate the tradition of the Sorb Carnival, known as "Zapust". People dressed in local costumes take part in colourful parades which symbolise the driving out of winter, a custom which is the highlight of village life in nearly forty communities around Cottbus. The typical hood (Lapa) is only worn in two village parades, as here in Werben, on the outskirts of the Spree Forest. About 20,000 Sorbs (or Wends), a Slav minority, live in the state of Brandenburg, while twice this number live in Saxony.

Dans les communes bilingues de la Basse-Lusace, « Zapust », fête sorbe de la mi-carême, est célébrée de la mi-janvier à mars. Revêtus du costume national, les habitants de plus de 35 localités autour de Cottbus fêtent la fin de l'hiver avec de joyeux cortèges, une coutume qui est une des festivités principales de la vie villageoise. La « lapa », coiffe traditionnelle, n'est plus portée que dans deux villages dont celui de Werben, situé à l'orée du Spreewald (photo). Quelque 20 000 Sorbes vivent dans le Brandebourg et environ 40 000 en Saxe.

BURG im Spreewald, Ort mit Heilquellen und Kurbetrieb / Spa town with medicinal springs / Station thermale

Mitten im Biosphärenreservat Spreewald liegt der Ort Burg. Die üppige Natur, verbunden mit den Flüssen und Fließen, welche die Landschaft durchlaufen, und die Einflüsse der Sorben, die ihre kulturellen Hinterlassenschaften mit ihrer Tradition und historischen wendischen Bauten bis heute bewahren konnten, schaffen eine ganz einzigartige Umgebung. Am besten erkundet man die idyllischen Landstriche mit einem Kahn. Die Geschichte der Sorben, des kleinsten slawischen Volkes, das bereits seit dem 6. Jh. in dieser Gegend lebt, ist in der Heimatstube Dissen und im Heimatmuseum Burg zu erfahren.

Burg is situated in the middle of the Spreewald nature conservation park. This is an extraordinary landscape of thick forest and vegetation watered by rivers and channels that thread through the whole region. The influence of the Sorbs is highly evident here, for they have been able to preserve their traditions and their characteristic Wendish style of building up to the present. The scenery of this idyllic area is best explored on a punt. The Sorbs, the smallest Slavic group, have lived here since the 6th century. Their history is documented in the local history museum in Burg.

Burg, station thermale et climatique, s'étend au cœur du parc naturel du Spreewald. La nature luxuriante arrosée de multiples rivières et ruisseaux, associée à la civilisation des Sorbes qui ont su préserver leurs traditions et leurs édifices historiques, confère à cette contrée une physionomie unique. La meilleure façon de la découvrir est à bord d'une barque, au long de ses cours d'eau. Le musée régional de Burg raconte tout sur l'histoire des Sorbes, le plus petit des peuples slaves, qui habitent la Lusace depuis le VIe siècle.

Die aus dem Grenzland zu Böhmen kommende Spree hat nur sehr wenig natürliches Gefälle. So muss sich der Fluss seinen Weg durch das Land ganz langsam suchen, weitet sich dabei immer wieder zu Verästelungen, so genannten Fließen, aber auch zu seenartigen Verbreiterungen aus. Die auf diese Weise entstandene, höchst eindrucksvolle und urtümliche Landschaft von Wasser und waldbesetzten Inseln ist als Spreewald weithin berühmt geworden. Unterhalb der Stadt Lübben beginnt der so genannte Unterspreewald, in dem der Fluss sich in mehrere Arme aufspaltet.

The course of the river Spree, comes from on the Bohemian border, has a very small drop from source to end, and so it wends its way sluggishly through the countryside, at some points dividing into several branches, at others flooding low-lying land to form lakes. The Spreewald, or Spree forest, is just such an area, well-known because of its captivating, semi-primordial scenery of water and wooded islands. North of Lübben there is the Lower Spreewald, where the river divides into a network of rivulets.

La Spree qui vient de la frontière de la Bohême, n'a presque pas de déclivité naturelle. La rivière se fraye lentement un chemin à travers la nature et s'évase parfois pour former des bras d'eau ainsi que de petits lacs. Les magnifiques paysages naturels d'eau et d'îles boisées dessinés par la rivière constituent la contrée renommée du Spreewald. Juste au-dessous de la ville de Lübben, commence le territoire appelé Unterspreewald (Spreewald inférieur) où le cours d'eau se divise en plusieurs bras.

Die Verbundenheit mit der außergewöhnlichen Natur des Spreewaldes zeigt sich in Lübben sogar mitten in der Stadt, denn die Schlossinsel bietet Aktivitäten rund um die Natur und Landschaft und dient als malerische Kulisse für Veranstaltungen, wie z. B. die „Lübbener Kahnnächte". Das Museum im Schloss verbirgt hinter historischen Mauern hochmoderne multimediale Inszenierungen der Geschichte dieser Region. Jährlich findet am 3. Wochenende im September in Lübben das Spreewaldfest statt. Buntes Markttreiben und der legendäre Kahnkorso werden durch ein grandioses Feuerwerk gekrönt.

Life in Lübben is inextricably bound up with the remarkable surroundings of the Spreewald. This even applies to the town centre, for the castle island is a venue for activities connected with the Spreewald and also serves as a picturesque backdrop for events such as the Lübben Punting Nights. The museum within the historic walls of the castle displays the history of the region by means of ultra-modern multimedia techniques. The colourful Spreewald festival, with its legendary punt parade, is held annually on the third weekend in September and culminates in a grand firework display.

Lübben est en communion avec la nature jusque dans son centre-ville, où des activités autour de la nature sont proposées sur l'île du Château qui sert également de décor idyllique à diverses manifestations comme par exemple « Les nuits des barques de Lübben ». Derrière ses murs remplis d'histoire, le château abrite un musée pourvu des médias les plus modernes qui présentent l'histoire de la région. La fête du Spreewald a lieu tous les ans à Lübben, le troisième weekend de septembre. Aux divertissements dans la ville s'ajoute le légendaire cortège des barques couronné d'un feu d'artifices grandiose.

Herzstück des Oberspreewaldes ist das Städtchen Lübbenau. Hier und in der Umgebung leben viele Sorben, sie zählen zu den zahlenmäßig wichtigsten nationalen Minderheiten in Deutschland. Schloss Lübbenau befand sich seit 1568 im Besitz der Grafen zu Lynar; auch heute führen die Grafen das bekannte Schlosshotel. — Von Lübbenau aus können Touristen sich auf langen, flachen Kähnen über die Fließe durch den Spreewald fahren lassen. Dabei kommt man in Dörfer, die wie Lehde nur wenige feste Wege haben und wo heute noch der Verkehr mit Kähnen abgewickelt wird.

At the heart of the Upper Spreewald lies Lübbenau, which has a large population of Sorbs, or Wends, a people who makes up the most significant national minority in Germany. After 1568, Lübbenau palace was owned by the Counts of Lynar, and today the family still runs the famous Schloss hotel. — From Lübbenau tourists board long wooden punts to be ferried along the River Spree, whose channels are known as Fliesse. The route passes through villages like Lehde where traffic consists mainly of boats, because there are few roads.

Lübbenau est le joyau du Spreewald supérieur. Dans la ville et ses environs habitent de nombreux Sorbes qui forment la minorité nationale la plus importante d'Allemagne. Le château de Lübbenau appartient aux comtes de Lynar depuis 1568, qui l'ont aujourd'hui transformé en un hôtel réputé dirigé par la famille. — Depuis Lübbenau, les touristes peuvent partir explorer les bras de la Spree à bord de longues barques plates. Ils découvrent ainsi des villages comme Lehde où n'arrivent que très peu de routes depuis la terre ferme et où presque tout ce qui concerne le transport est effectué par bateau.

Schloss Lübbenau

Eine Kahnfahrt über die Fließe des Spreewaldes gehört heute zu den Höhepunkten einer Reise durch die Mark Brandenburg. Der besondere Reiz des Spreewaldes, der auch dazu geführt hat, dass diese Landschaft als Biosphärenreservat unter besonderen Schutz gestellt wurde, liegt in der unwegsamen Wasserlandschaft, die von teilweise urwüchsigen Waldbeständen durchsetzt ist. Bei Kahnfahrten über die Fließe des Oberspreewaldes, bei denen die Kähne mit langen Stangen vorwärtsgestakt werden, begegnet man auch seltenen Pflanzen und Tieren.

No visit to the region of Mark Brandenburg is complete without a trip on one of the typical flat river boats that are propelled by long punt poles along the maze of rivers that meander through the Spreewald. This area has its own unique charm, with its wilderness of watercourses that thread through often untouched woods and forests, and not surprisingly it is now under special protection as a nature reserve. The branching waters of the Upper Spreewald are home to many rare plants and animals.

Une excursion en barque sur les cours d´éau du Spreewald est un des points culminants d'un voyage dans la Marche de Brandebourg. Les paysages aquatiques, inaccessibles par la terre ferme, entrecoupés de forêts centenaires, constituent le charme particulier du Spreewald et lui ont valu de devenir un site biologique protégé. Une promenade sur les bras de rivière du Spreewald supérieur fait découvrir une flore et une faune rares tandis que la barque glisse sur l'eau au rythme des longues perches.

Bereits lange Zeit vor unserer Zeitrechnung zog der Reichtum an Fischen und Wild slawische Stämme in den Spreewald, sie ließen sich hier nieder und schützten sich mit Ringwällen und Fluchtburgen. Eine derartige Fluchtburg fand man zum Beispiel bei Ausgrabungen 1974 unterhalb des Schlosses von Lübbenau. Somit kann man davon ausgehen, dass auch Lübbenau viel älter ist als eine Urkunde von 1315 nachweist. — Viele traditionelle Feste rund um Lübbenau werden gepflegt, wie das Lindenfest der Lübbenaubrücke.

Over 1500 years ago Slavic tribes settled in the Spreewald, drawn by its rich hunting and fishing grounds. They built settlements and protected themselves from their enemies by erecting ramparts and refuges. One such fortified enclosure was discovered during excavations below Lübbenau castle in 1974. We must therefore conclude that Lübbenau is far older than the first recorded mention of the town in a document of 1315. — Lübbenau is proud of its traditional festivals such as Lübbenau Bridge Linden Tree festival.

Bien avant notre ère, l'abondance de poisson et de gibier attira des tribus slaves dans le Spreewald. Elles s'y établirent et construisirent des enceintes de pierre et des forts. Un de ces forts-abris fut découvert en 1974 lors de fouilles sous le château de Lübbenau. On peut ainsi en déduire que la localité est bien plus vieille que ne le documente un acte de 1315. — De nombreuses fêtes traditionnelles ont lieu dans la région. À Lübbenau, la Fête du tilleul est célébrée sur les bras de rivière, idéals également pour des promenades en canoë.

Zu den insgesamt 32 Seen des Spreewaldes gehört der große Schwielochsee östlich von Lübben. Er liegt in einem Landschaftsschutzgebiet, in dem die typische Tier- und Pflanzenwelt erhalten bleiben soll. Trotzdem ist er vor allem an seinem Südufer für Wassersportler und Campingfreunde zugänglich. — Die ehemalige Cargolifter-Halle für Zeppeline birgt heute das größte tropische Paradies Europas. Bei immerwährenden Temperaturen von 26°C werden ein Tropischer Regenwald, eine Saunalandschaft und ein 200 Meter langer Sandstrand in Brandenburg 60 km vor Berlin, angeboten!

Lake Schwieloch, east of Lübben, is the largest of the thirty-two lakes in the Spreewald. It is now part of a conservation area created to preserve indigenous fauna and flora. Nonetheless, the lake is publicly accessible, mainly on the south shore, and is a popular venue for water sports enthusiasts and campers. — Europe's largest tropical paradise is housed in a former airship hangar. Here in Brandenburg, 60 kilometres from Berlin, you can find a tropical rain forest, a sauna landscape and a 200-metre-long sandy beach, and bask in a permanent temperature of 26°C.

Situé à l'Est de Lübben, le grand lac de Schwieloch est une des 32 étendues d'eau du Spreewald. Il fait partie d'un site naturel protégé destiné à conserver la flore et la faune typiques de la région. Toutefois, la rive sud du lac a été aménagée pour les campeurs et les sports nautiques. — Un ancien hangar de zeppelins est devenu le plus grand paradis tropical d'Europe, offrant palmes, eau turquoise, plage de sable de 200 mètres, une température constante de 26°C, sans compter une aire sauna. Les Tropiques près de Krausnick, à 60 km de Berlin !

Träume

Königs Wusterhausen ist die größte Stadt im Landkreis Dahme-Spreewald; Ort und Burg bestanden bereits vor 1320. Besonders geprägt wurde die Stadt aber erst durch Friedrich Wilhelm I., dem „Soldatenkönig". Er bekam mit zehn Jahren, 1698, das Anwesen vermacht. Für ihn war Königs Wusterhausen ein Ort für die Entwicklung und Verwirklichung seiner Machtgestaltung, aber auch ein Ort um seiner Jagdleidenschaft nach zu gehen. Nicht zu vergleichen mit dem Pomp anderer Königshäuser, spiegelte es in seiner schlichten Ausstattung seine Einstellung zum Leben wider.

Königs Wusterhausen is the largest town in the rural district of Dahme-Spreewald. Both town and castle were founded before 1320, but it was left to Friedrich Wilhelm I, the Soldier King, to leave a decisive mark on the town. In 1698, aged only ten, he was given an estate here, and in time, Königs Wusterhausen became a place where he could develop and implement his concept of power and also indulge in his passion for hunting. Compared to the pompous palaces of other royal houses, his mansion was a modest building that reflected his unpretentious attitude to life.

Située non loin de Berlin, Königs Wusterhausen est la plus grande ville de l'arrondissement Dahme-Spreewald. Localité et château existaient déjà avant 1320. Toutefois la ville ne prit quelque importance qu'avec Frédéric-Guillaume Ier, le « Roi-Sergent ». Il la reçut en cadeau en 1698, à l'âge de dix ans. Pour le roi, Königs Wusterhausen devint l'endroit où il apprit à développer sa puissance, mais aussi où il pouvait s'adonner à sa passion de la chasse. L'aménagement sobre du château reflétait ses goûts simples, entièrement opposés au luxe des autres cours royales européennes.

D-53902 Bad Münstereifel · Flurweg 15
Telefon: (0 22 53) 60 47· Fax: (02253) 6756
www. ziethen-panoramaverlag.de

Neuauflage 2009
Redaktion und Gestaltung: Horst Ziethen
Einleitungstext: Christoph Wendt
Bildtexte: Anette Ziethen (55) , Christoph Wendt (20)

Englische Übersetzung: Dr. Gwendolen Webster
Französische Übersetzung: France Varry

Produktion: Ziethen-Panorama Verlag GmbH

Printed in Germany

ISBN 978-3-93432-873-0

Bildnachweis / Table of illustrations / Table des illustrations

Seiten:
Achim Keiper 12, 15a, 39a, 40, 42, 43a, 45c, 46, 48, 49, 57, 64a, 65, 66,
.... 70, 74, 76, 77, 80b, 86, 96
Horst Ziethen .... 33(2), 35b, 36d, 51(2), 52(2), 54(2), 60, 72, 88b
Gunther Reymann 16, 18, 23, 28, 37, 44, 50b, 61, 62, 71, 88a
Zeitort / Jürgen Hohmuth 11, 20, 36a, 63, 75, 78, 81
DPA .... Martin Kirchner 25, 36b, 39b, 93; euroluftbild.de: 27;
.... Patrick Pleul: 56, 58
Harald Hirsch .... 13, 15b+c+d, 19, 45a+b, 50a
Rainer Weisflog .... 9a+b, 73a, 82, 83, 84
Das Luftbildarchiv Wennigsen .... 24, 39c, 41 u. Rücktitel, 47, 55, 85
BA Mauritius .... / Thomas Hellmann: 6a / Josephine Clasen: 6b /
.... Imagebroker: 7 / Andreas Vitting: 21
Werner Otto .... 8 u.Titel B, 17, 26, 32 +1
Foto V. Billeb .... 35a u.Titel D, 36b, 68, 69
BA Bilderberg/Ulf Boettcher .... 14, 64b, 80a+c
Fridmar Damm 90, 91, 94

BA Punctum: 5, 30 · BA Caro/Teschner: 6c · ddp-Archiv/ Michal Urban: 9c, 73b u.Titel C · Lutz Hannemann: 9d · BA Preußischer Kulturbesitz: 10 (n. e. Gemälde-Kopie von J. Tietze) · BA Visum/Euroluftbild.de: 22, 34 · BA Helga Lade: 67 · Cordia Schlegelmilch: 29, 79 · BA Laif/Kirchner: 31 · Alois Greiner: 38 u.Titel E, 89 u. Titel A· A1Pix/JGL: 43b · Olaf Tausch: 53 · Winfried Mausolf: 59 · Colorvison/F1 Online: 87 · H.P. Merten: 92 · arturimages/ Brigola, Victor: 95

Karten-Nachweis
Vorsatzseite: .... Ausschnitt aus der Berann-Deutschland-Panorama-Karte,
.... erschienen im © Verlag MairDumont
Historische Nachsatzkarte: .... Archiv Ziethen-Panorama-Verlag

NORD-ÖSTLICHES
DEUTSCHLAND
Auflage 1855.
DIE OST-SEE
1 2 3 4 5 10 15 Geogr. Meilen
MEKLENBURG
PROV. POMMERN
PROV. BRANDENBURG
PROV. POSEN
PROV. SCHLESIEN
BERLIN
HANNOVER
BRESLAU
BŒHMEN